珍藏本
纪念版

汉译世界学术名著丛书

新系统及其说明

〔德〕莱布尼茨 著

陈修斋 译

2017年·北京

Gottfried Wilhelm leibniz

SYSTEME NOUVEAU

ET

LES ECLAIRCISSEMENTS DE CE SYSTEME

译文根据格哈特(**C. J. Gerhardt**)编:

《莱布尼茨哲学著作集》(**Die Philosophischen Schriften von G. W. Leibniz**,柏林,七卷,

1875—1890)第4卷译出

汉译世界学术名著丛书
(120年纪念版·珍藏本)
出 版 说 明

2017年2月11日,商务印书馆迎来120岁的生日。120年前,商务印书馆前贤怀揣文化救国的理想,抱持"昌明教育,开启民智"的使命,立足本土,放眼寰宇,以出版为津梁,沟通中西,为中国、为世界提供最富智慧的思想文化成果。无论世事白云苍狗,潮流左右激荡,甚至战火硝烟弥漫,始终践行学术报国之志,无改初心。

迻译世界各国学术名著,即其一端。早在20世纪初年便出版《原富》《天演论》等影响至今的代表性著作,1950年代后更致力于外国哲学和社会科学经典的译介,及至1980年代,辑为"汉译世界学术名著丛书",汇涓为流,蔚为大观。丛书自1981年开始出版,历时三十余年,迄今已推出七百种,是我国现代出版史上规模最大、最为重要的学术翻译工程。

丛书所选之书,立场观点不囿于一派,学科领域不限于一门,皆为文明开启以来,各时代、各国家、各民族的思想与文化精粹,代表着人类已经到达过的精神境界。丛书系统译介世界学术经典,引领时代思想，为本土原创学术的发展提供丰富的文化滋养，为推动中国现代学术和现代化进程做出了突出的贡献。

为纪念商务印书馆成立120周年，我们整体推出“汉译世界学术名著丛书”120年纪念版的珍藏本，寄望既利于文化积累，又便于研读查考，同时向长期支持丛书出版的译者、编者和读者致以敬意。

两甲子后的今天，商务印书馆又站在了一个新的历史时间节点上。我们不仅要铭记先辈的身影和足迹，更须让我们的步伐充满新的时代精神。这是商务人代代相传的事业，更是与国家和民族的命运始终紧密相连的事业。我们责无旁贷，必须做好我们这代人的传承与创造，让我们的努力和成果不仅凝聚成民族文化的记忆，还能成为后来人可以接续的事业。唯此，才能不负前贤，无愧来者。

商务印书馆编辑部

2017年10月

译者弁言

关于莱布尼茨的生平及其哲学的主要内容，我在《人类理智新论》的“译者序言”及《莱布尼茨与克拉克论战书信集》的“译者弁言”中，已分别作过一较详细一较简略的介绍，在其他多种论著中也都曾有所论述，就不再重复了。这里只就与本书——《新系统及其说明》——密切相关的若干问题作些交待。

首先是关于本书书名就需要作一说明。因为莱布尼茨并没有一部叫做《新系统及其说明》的现成著作，本书是译者将莱布尼茨一些相关的论文和资料加以编纂而成，书名也是译者所加的。所谓“编纂”，其实也不过是把格哈特编的《莱布尼茨哲学著作集》(Die philosophischen Schriften von G. W. Leibniz, herausgegeben von C. J. Gerhardt, Berlin & Halle, 1875—1890，以下简称G本)第4卷中(第474页以下直至该卷之末)已分组集合在一起的一些作品和资料，在顺序上作了些调整，并将各篇另标一较简明的篇名而已。该卷内容共分为三大部分，第一部分是1663—1671年的“哲学作品”；第二部分标明为1677—1702年“莱布尼茨反对笛卡儿及笛卡儿学派”的作品；第三部分则为1684—1703年的“哲学论文”。本书各篇为这第三部分的后半，即V至VIII各组，其中V包括本书中“新系统”本文直至“新系统说明(三)”各篇，只是原书

"新系统初稿"是放在"新系统"正文之前,而本译本则移置其后;VII 包含"说明(四)"至"说明(六)";VIII 包含"说明(七)"和"说明(八)"。至于 VI,为"论自然本性"一文,因为在体例上和别的各篇"说明"有所不同,并且不是像其他各篇都用法文,而是用拉丁文写的单篇哲学论文,似不便把它和其他各篇"说明"并列编号,故而把它作为"附录"放在最后;就其内容看,这篇也是为进一步说明"新系统"所提出的"实体"的"本性"的,其重要性比之其他若干篇说明或有过之而无不及,且勿以为将其作为"附录"而有贬低其价值之意。

其次要说明的是不仅本书的书名,而且其中各篇的篇名,也并非原文固有,而是译者另加的。主要理由无它,只是因原文篇名太长,有的又本无篇名,引用或记忆诸多不便,故另加一简明篇名,以求便于引用或记忆而已。至于原有篇名,则都仍作为副标题加于篇名之后以备查考。还应交代的是所加篇名也并非译者随意杜撰,而是多少有些根据的。例如本译文虽以 G 本原文为主要依据,但在翻译时也就另外参照了 E 本(即 God. Guil. Leibnitii opera philosophica quae extant latina, gallica, germanica omnia, ed. J. E. Erdmann, Berlin, 1840,亦即爱尔德曼编《莱布尼茨哲学著作全集》),而在 E 本的目录中,本书的"新系统说明(一)"就标明为"新系统说明",而"说明(二)"及"说明(三)"也就标明为"新系统的第二篇说明"和"新系统的第三篇说明";因此这头三篇"说明"的篇名,可说是有 E 本的根据,也为一般的有关莱布尼茨的文献所习用的。至于"说明(四)"至"说明(八)"各篇(其中有的为 E 本所无),虽各种版本并没有标明为"第几篇说明",但就其内容看与前三篇"说明"类似，有几篇原也标明是对"新系统"一文引起的问题或困难的"说明"，或对"驳难"的"答辩"，因此把它们都照前三篇"说明"的例加以编列并给标一个序号以便引用，我认为还是可以的。而"新系统"一文本身，原标题很长，把它简称为"新系统"，也是一般有关莱布尼茨的文献所习用的。这样，我想把该文以及环绕该文而引起的一些辩论和说明性文章集合在一起，作为莱布尼茨的一部著作，名之为《新系统及其说明》，该是有理由的。

再次，将这样编成的莱布尼茨的一本书翻译出来贡献给我国读者，它的意义何在呢？我认为至少有下列三方面的意义：

第一是"新系统"一文在莱布尼茨的著作中有它的特殊地位。这就在于它是莱布尼茨生前第一篇公开发表的、表明自己成熟后的主要哲学思想体系的作品；还在于在此文中莱布尼茨明确地表述了自己哲学思想的演变及最终形成自己定型了的世界观体系的过程。我们知道，莱布尼茨虽然著作浩繁，但从未发表也未写过一部有适当规模的、系统地详述自己的哲学体系的著作。他生前发表的唯一大部头著作是《神正论》，而这部著作，如黑格尔在其《哲学史讲演录》中讲莱布尼茨的地方所说的："看起来好像是完整的系统著作，其实是一部通俗著作，是他为索菲娅·夏洛特王后写的，目的在于反对培尔，他在这部书里是竭力不用思辨的方式论述问题的。"还有他的《人类理智新论》，虽然是一部系统著作，但那是他针对洛克的《人类理智论》进行逐章逐节辩论和驳斥的著作，如果说它有个体系，这体系也毋宁是洛克的而非莱布尼茨本人的。并且这书虽在生前已写成，也因当时洛克已去世，莱布尼茨不愿发表批评已去世作者的作品而并未出版，是在他自己去世后才被公

之于世的。此外,莱布尼茨的作品就全是一些短篇论文或小册子和大量的书信以及一些答辩、札记之类的资料了。他的哲学就散见于这样一些作品中。当然,没有用一整部著作来阐述,并不就意味着莱布尼茨的哲学没有自己的系统。莱布尼茨自己也明确地把自己的哲学看成是一个“新系统”,有时自称为“前定和谐系统”,例如《人类理智新论》一书原文的全名就标明为《前定和谐系统的作者著的理智新论》。此外,在莱布尼茨的短篇作品中也有多篇是表述自己的哲学系统的,只是并非详细地展开的阐述,而是纲要式的或提纲挈领的表述而已。其中最著名的两篇就是《单子论》和《基于理性的自然与神恩的原则》。这两篇就是在莱布尼茨逝世前两年应人的要求而写的纲要式地概述自己的哲学体系的著作,两篇的基本内容是一致的。虽然学者们对两篇或其中一篇是应何人而作有不同意见(这里不拟详述),但对两篇作品作为莱布尼茨总结自己的哲学思想的纲要这一性质则并无分歧。而如果说这两篇是莱布尼茨哲学的“总结”或“结论”,则不妨把“新系统”看成莱布尼茨公布其哲学体系的“开场白”或“导言”。应该指出,一般认为,莱布尼茨成熟的哲学体系最初完成于1676年他结束了在巴黎的四年留居而回到德国在汉诺威任职并定居的时期之后的一段时间,而他在1686年以后开始的与阿尔诺的通信及寄给阿尔诺的“形而上学论”一文,当是莱布尼茨哲学体系的主要观点的最初表述。但这篇论文以及与阿尔诺的通信在当时都并未公开发表,因此并不为世人所知。只是到1695年6月巴黎的《学者杂志》上发表了“新系统”一文,莱布尼茨才把他的哲学体系中的一些主要观点和原则公之于世。虽然这文章发表时也是匿名的,但不久人们也就都知道其作者是谁。而且如“单子论”原本也是为私人而写，并非供发表，生前也并未发表，其原文直至1840年爱尔德曼编辑出版《莱布尼茨哲学著作全集》时才公开发表，连篇名也是编者所加，原文也如“形而上学论”一样，都并无篇名。因此，在莱布尼茨生前，除少数与其通信者之外，一般人可以说大都是通过这篇“新系统”来认识莱布尼茨的主要哲学思想的。而且该文虽简略却相当明确地自述了哲学思想演变及最终形成的过程，这在莱布尼茨其他著作中也不多见。上述两点，我想也就可说明本文对了解莱布尼茨哲学的重要意义和作用了。

第二是本书各篇作品不是单纯宣布作者结论性的观点，而是较充分地展示出确立这些观点的论据和论证过程，较典型地表现出作者哲学思维的思辨特征。我认为，哲学对人类的主要贡献，就在于锻炼和提高人类的理论思维或逻辑思维的能力。当然，有的哲学家往往是用“直观”或“体验”的方式把握一些含有哲理的观点。如果这些观点确是真知灼见，则这在他本人可能是宝贵的心得；把它们宣示于人，也可能是对人类社会的贡献。我们中国的哲学也许更富于这样的内容。但这样的观点，听者往往只知其然而不知其所以然，因而难以接受。而且传递这样的观点，诗或文艺的手段也许比哲学更擅长。如果把理论思维能力的锻炼和提高作为哲学的主要功能，则单凭直观、体验和武断式的宣布一些观点或见解，显然是不合哲学的主要特征，难以实现哲学的主要功能的。而作为本书的核心的“新系统”一文本身，就已并非只是简单地宣布自己的结论性观点，而是谈了自己达到这些观点的思想演变过程和理由；特别是各篇“说明”，更是针对当时许多不同人物对“新系

统”的内容提出的诘难和异议，进行具体细致、条分缕析的答辩、说明和论证。我认为，这才是典型地体现哲学作为理论思维的特征和功能的，它比那些结论性的观点本身也许应该说更有意义、更有价值。因为那些结论性的观点，如莱布尼茨所主张的：万物都由精神性的实体即“单子”所构成；万物即诸单子之间的“和谐”是由于上帝在创造单子之初就已预先确定，即由于所谓“前定和谐”；这样一些观点，在今天来说，是没有人会把它们视为“真理”来加以无条件接受的。如果研究哲学史或研究莱布尼茨哲学，就只是知道这样一些再无人接受的“结论”，则很难说这种工作有多大意义。但如果不只是简单地知道几条这样的结论，而是进一步深入了解一下作者是怎样达到这样的结论的，具体了解一下他是怎样通过与别人的辩论来论证、维护这样的结论的，则就有许多理论思维的经验教训值得去汲取，也会发现有许多问题值得去进一步钻研和探讨。总之，哲学思维过程本身的价值和意义，往往远胜于其结论。这当是哲学不同于各门具体科学的特征之一。哲学就存在于人类哲学思维的全过程中，而并非仅存于那些结论性观点的集结中。因此学习和研究哲学就必须学习和研究哲学史，而学习哲学史又必须把握哲学思维过程本身，而不能仅限于知道一些结论性的观点。正是基于这样的认识，我在介绍莱布尼茨的“新系统”时，就感到不应只单独介绍“新系统”的本文，而应该把与本文密切相关的那些“说明”性文献一起加以介绍。基于上述见解，我甚至认为那些“说明”也许比本文更有价值、更有意义；因为正是这些“说明”和一些按语及附注、札记之类，具体展示了莱布尼茨达到“新系统”的主要观点的思维过程，从中也更可具体地把握莱布尼茨的哲学思维所具有的思辨特征。

第三是本书中的各篇作品，除上述意义外，还具体表现了莱布尼茨哲学与西欧其他各国哲学的联系，可作为研究当时西欧各国哲学之间的关系的一个“案例”。例如在“新系统”本文中，莱布尼茨一开头就谈到他的“系统”最初曾怎样受到法国著名哲学家和神学家、冉森派主将阿尔诺的否定，后来又怎样经过解释而为阿尔诺所接受。在谈到他自己的思想演变过程时，他又涉及许多近代哲学家和科学家对他的影响，其中包括法国的笛卡儿、伽森狄、马勒伯朗士及其他笛卡儿派学者，也有荷兰的科学家斯凡美丹、刘汶胡克，意大利的科学家马尔比基等等。还有荷兰的哲学家斯宾诺莎，莱布尼茨虽自己表现出对他否定的态度，但实际上还是受了他很深影响的。同时莱布尼茨对斯宾诺莎乃至对笛卡儿及其学派的批评和否定，也正表明其间的另一种联系。至于“新系统”本文外的各篇“说明”和其他文献，更都是莱布尼茨和各国哲学家或学者间“短兵相接”的密切关系的具体表现。其中“傅歇的反驳”至“新系统说明(一)”等篇是和法国的一位志在复兴后期柏拉图派的怀疑主义哲学家西蒙·傅歇之间的辩论；“说明(二)”是给巴纳日·德·波瓦尔的一封信的附加语，巴纳日·德·波瓦尔是应培尔之请，继培尔之后编辑《学者著作史》的人士，也是莱布尼茨长期的通信者之一，G本第3卷中就载有1692—1708年间莱布尼茨与巴纳日的通信，共计有34封之多；“说明(三)”是与荷兰物理学家哈索科等进行讨论的，哈索科也是莱布尼茨的一位通信者，他们之间的通信也载于G本第3卷；“说明(四)”至“说明(六)”为莱布尼茨与培尔之间的辩论，著名的法国怀疑主义哲学家，17世纪形而上学

的批评者比埃尔·培尔，在其著名的《历史批判辞典》中“罗拉留”一条下，对莱布尼茨的“前定和谐”系统提出了批评，莱布尼茨在给哈索科的一封信中对此作了答复或“说明”，就登载在哈索科所编的《学者著作史》1698年7月号上，这就是“说明(四)”，培尔又在《辞典》第二版同一条目下对莱布尼茨的“说明”作了“再答复”，莱布尼茨先将培尔《辞典》中“再答复”的有关文字作了“摘录”，并逐条加了自己的“按语”，这本来是莱布尼茨供自己用而非用来发表的，因此如E本就未收入此材料，而G本从莱布尼茨手稿中取出加在他所编的《莱布尼茨哲学著作集》中，我认为这材料其实更具体细致地表现出莱布尼茨在与人辩论中的思维过程，因此一并译出，即作为“说明(五)”，而“说明(六)”即为以此为根据而写成的对培尔《辞典》第二版中的“再答复”所作的又一次“答复”；“说明(七)”和“说明(八)”则是针对《自我认识》一书的作者佛朗索瓦·拉弥的，“说明(七)”原本也未公开发表，“说明(八)”则为公开发表的，是“说明(七)”的摘要。至于作为“附录”的“论自然本性”一文，其实也是与人辩论之作，是与德国阿尔多夫大学数学物理学教授斯都姆讨论关于实体的自然本性问题的。我们看到这些“说明”几乎都是和当时西欧其他各国哲学家或科学家等学术界人士进行辩论的作品，其中很具体地表现出西欧各国学术界之间的思想文化交流。这对于研究各国的文化特别是哲学思想间的联系，当是很有价值的资料，从中也可汲取对我们富有意义的经验教训。

以上只是我个人心目中所见到的本书的意义和价值，未必恰当，仅供参考。

最后，关于本译本的产生和完成过程，也须在此作一交代。事实上本书是我所翻译的莱布尼茨哲学著作中译出最早的一种，初稿是在 1948 年至 1949 年间在北京译出的，那是我在中国哲学会西洋哲学名著编译委员会（简称“编译会”）任研究编译员的最后一年，这译稿也就是我在该会的工作成果的一部分。编译会是我的老师贺麟教授所创立并主持的。如果不是贺师把我引上哲学之途并招我到该会工作，就不会有我的一切哲学工作成果，自然也不会有本书的翻译，因此本书中译的问世，首先要感谢贺师对我的栽培。我译此书的时间，正是北平解放的前后，其间有一段正是北平已受人民解放军包围，听着炮声等候北平解放的时间。这在我的个人经历中自然也有其值得纪念的特殊意义。我当时和编译会同事王太庆兄等一起住在北平沙滩中老胡同编译会的会所，和太庆兄朝夕相处，无所不谈，本书的选择和注释，特别是许多术语的译法，常和太庆兄商讨，得到他的很多启发和帮助，也应在此表示我的感谢。还应提到的是那时因与太庆同去听郑昕先生讲康德哲学课的机会，偶尔认识了一位法国朋友，他名叫 Jean Lefeuvre，当时中文名叫雷获福，后来改名雷焕章。雷焕章先生现在已是一位很有成就的汉学家，特别是研究我国古代甲骨文的专家，而那时他来中国还不久，在北平学中文，我和太庆兄与他相识后，曾常来往，我当时正译此书，遇到一些拉丁文的问题，常请他帮助解决，也在此表示谢意。

此书初稿译毕时，北京已解放，不久编译会结束，我也离京到武汉大学任教，这译稿就被搁置起来了。后来因院系调整我又回到北京，在北大工作五年后于 1957 年又重返武大，直到“十年浩劫”中又去襄阳分校长达八年，于 1978 年才再回武汉，经几番颠沛，尤其是“文革”的折腾，许多旧稿均已被毁或散失，而这部译稿却侥幸保存下来了。拨乱反正之后，开始招研究生，有的研究生，甚至是外校的研究生，要研究莱布尼茨，知道我有此旧译稿，曾借去参考；我也曾抽空翻阅，将其中有些生僻的译名或显得过时的译法初步作了一些修改，但因忙于其他工作，尚未能对它作一次全面校改。直到1991年秋，我的博士生江畅同志，也因为要研究莱布尼茨哲学拿这译稿去参考，在此过程中他就尽可能参考原文和英译对译稿进行了修订整理，并加以誊正；然后我就在他所整理誊正的稿子上再对照原文，并参考了几种不同版本和英译本，重新全部作了校改，才作为定稿。若不是江畅的主动代为整理誊正，这译稿也许还会作为草稿而被长期搁置。它能问世，江畅应该得到我的衷心感谢。江君在其原单位湖北大学政教系因表现突出已被提升为副教授，但他并不因此而骄矜，甘愿做上述这种工作，是很值得称道的。

此译本所据的原文底本，主要是上面已说明的G本第4卷474至595页；其中各篇凡E本也登载的，都同时参照E本，两种版本有相异处，都于注中说明；作为附录的“论自然本性”一文，原文为拉丁文，则是据巴黎E. Flammarion版的《人类理智新论》书后所附的该篇法译文译出，此外，在翻译时，也参考了两种英译本，一是拉塔(R. Latta)的《莱布尼茨单子论及其他哲学著作》(Leibniz: The Monadology and other Philosophical Writings, Oxford, 1898)，另一种是《每人丛书》本中M. 莫里斯选译的《莱布尼茨哲学著作》(Philosophical Writings of Leibniz, Sel. & tr. by Marry Morris)。(这是就其中为英译本所选的各篇而言，有几篇是G本所独有的。)拉塔的本子有长篇序言及较详细的注释,本书所加的注,有许多采自拉塔的本子,一并在此声明。此次重校时,除对照 G 本、E 本及拉塔的英译外,有些地方还参考了 L. 普雷南编的《莱布尼茨著作集》(Œuvres de G. W. Leibniz, éditées par Lucy Prenant, Editions Aubier Montaigne, Paris, 1972)。

这书之能出版,当然还得到了商务印书馆编辑部的同志们的帮助,也一并在此致谢。

本书初稿译出于四十余年前,当时译者还是个初入哲学之门的年轻人,译文除残留有当时的文风外,当还有初入门者的不成熟处。此次虽经江畅君的整理修订,又经译者的全面校改,因限于水平,错误和不当处仍在所难免,切望读者指正。

陈修斋

1992 年 8 月于武汉大学

目　录

新　系　统[①]

——论实体的本性[②]和交通[③]，兼论灵魂和形体[④]之间的联系的新系统(1695)

1. 好几年以前，我就已经想到这个系统，并且拿它和一些博学之士，特别是一位当代最大的神学家和哲学家[⑤]交换过意见。这位哲学家由于和一位最高贵的人士[⑥]有往来而知道了我的若干见解，觉得它们非常怪诞。[⑦]但自从接受了我的说明之后，他就以世界上最慷慨果敢、最值得效法的态度收回了自己所说的话，而且自认可了我所提出的一部分主张之后，对其余他尚未同意的主张也不再批驳了。从那时候起，一有机会我就继续深思，总想使公开发表的意见都是经过细心审查过的；还有我的那部和这个系统有连带关系的动力学论著[⑧]，对它所提出的反驳我也曾力图给予令人满意的答复。最后，因为有些可敬的人士希望我把我的见解阐述得更清楚些，[⑨]我就冒昧地提出这些思想，虽然它们既毫不通俗，也不适宜于所有有才智的人欣赏。我的目的主要是想从明白这些见解的人的判断中获得益处，因为要发现并个别地去请教那些有意给我教训的人，实在是太困难。而这种教训，只要看起来是爱真理胜过固执先人之见的意气用事，我都很乐意接受。

2. 虽然我是一个在数学上花过很多功夫的人，但从青年时代

起我就从来没有放弃过哲学上的思考，因为我始终觉得，哲学可能有办法通过清楚明白的证明来建立某种坚实可靠的东西。我以前曾在经院哲学领域钻得很深，后来，近代的数学家及作家们使我跳出经院哲学的圈子，那时我也还很年轻。他们那种机械地解释自然的美妙方式非常吸引我，而我对那些只知道用一些丝毫不能教人什么的形式或机能[来解释自然]的人所用的方法，就很有理由地加以鄙弃了。⑩但后来为了给经验使人认识的自然法则提供理由，我又对机械原则本身作了深入的研究，我觉得，仅仅考虑到一种有广延的质量(masse étendue)是不够的，我们还得用力(force)这一概念。这个概念虽然属于形而上学的范围，但却是很好理解的。⑪我又觉得，有些人要把禽兽转变或降级为纯粹的机器，这种意见虽然[理论上]似乎是可能的，但[实际上]看起来却似乎并非如此，甚至是违反事物的秩序的。

3. 起初，我一摆脱亚里士多德的羁绊，就相信了虚空和原子，因为这能最好地满足想象。但自从经过深思熟虑而回过头来之后，我感到要仅仅在物质的或纯粹被动的东西里面找到真正统一性的原则(les principes d'une véritable Unité)是不可能的，因为物质中的一切都不过是可以无限分割的许多部分的聚集或堆积。要有实在的复多，只有由许多真正的单元(des unités véritables)构成才行，这种单元必须有别的来源，而且和数学上的点完全不同。数学上的点无非是广延的极限和一些情状(modifications)，连续体(continuum)决不能由这样的点组合而成。⑫因此，为了找到这种实在的单元，我不得不求助于一种可以说是实在的和有生命的点，或求助于一种实体的原子，它应当包含某种形式或能动的成分，以便成为一种完全的存在。[13]因此，我们得把那些目前已身价大跌的实体的形式重新召回，并使它恢复名誉，不过，要以一种方式使它可以理解，要把它的正当用法和既成的误用分开。因此，我发现这些形式的本性在于力，随之而来就有某种和感觉(sentiment)及欲望(appetit)相类似的东西；因此，我们应该以仿照我们对灵魂所具有的概念的方式来设想它们。但是，正如不应该用灵魂来解释动物形体组织的细节一样，我主张同样也不应该用这些形式来解释自然的特殊问题，虽然这些形式对于建立真正一般的原则是必要的。[14]亚里士多德称这些形式为第一隐德莱希(entéléchies premières)，我则称之为原始的力(forces primitives)[15]，或者更可以理解，它不但包含着实现(acte)或可能性的完成，而且还包含着一种原始的活动(activité)。

4. 我看到这些形式和这些灵魂应该和我们的心灵一样是不可分的，其实我们记得，圣托马斯对于禽兽的灵魂也持这样的见解。[16]但这一真理又重新引出了关于灵魂和形式的起源和绵延这些重大难题。因为一切有真正统一性的单纯[17]实体，它们的开始和终结都只能是由于奇迹。由此推论，它们的开始就只能是由于创造，它们的终结就只能是由于消灭。因此，(除了那些上帝又特意创造出来的灵魂之外)我不得不认为那些实体的构成形式是和这个世界同时被创造的，并且永远存在着。[18]有一些经院哲学家，如大阿尔伯特[19]、约翰·培根[20]，也已经隐约地窥测到了这些形式起源的部分真相。[21]这种情形丝毫不应该显得有什么不寻常，因为这无非是认为形式有一种伽森狄[22]派的学者认为原子所具有的绵延而已。

5. 然而，我却认定我们决不应该把心灵或理性灵魂不加区别地都包括在这些形式或灵魂之中，[或把它们和别的形式或灵魂混淆在一起][23]；心灵或理性灵魂属于较高的层次，与那些深陷于物质之中[我认为到处可找得到][24]的形式相比，具有简直无可比拟地更多的完满性[25]；因为心灵或理性灵魂比起别的灵魂来，就像是具体而微小的上帝，它们是照着上帝的影像造成的，具有若干神性的光辉。正因为如此，上帝统治心灵就像君主统治臣民，甚至像父亲照管儿女一样；反之，他对待别的实体则好像是工程师管理他的机器。因此，心灵有它们的特殊法则，这些特殊法则使它们置身于物质的那种[遵循着上帝所加于其中的秩序的][26]变革之上，而且我们可以说，其他一切都是为心灵而造的，这些变革本身就正是被安排来适应善良心灵所得的至福和邪恶的心灵所受的惩罚的。[27]

6. 然而，要是回到通常的形式或粗野无智的灵魂[28]，说绵延这种属性应属于这种灵魂而不像以前人们所认为的那样属于原子，就有可能引起疑问：它们是否会从一个形体过渡到另一个形体，这就是所谓轮回（Metempsychose），差不多像有些哲学家所认为的运动的转移和意象[29]的转移那样。但这种想象与事物的本性相去甚远。实际上并没有这种过渡[30]，而我们这个时代最优秀的观察家如斯凡美丹[31]、马尔比基[32]和刘文虎克[33]诸位先生所说的变形[34]，正是从这里给了我帮助，并使我更容易认为，动物和其他一切有机实体并非从我们所相信的那时开始，表面看起来它们似乎有一种世代的生殖，实际上只是一种发展，一种增长。我也曾注意到，《真理的寻求》一书的作者[35]、雷基斯[36]、哈索科[37]及其他一些有才智之士，也与这种见解相去不远。

7. 但是,还有一个最大的问题,即动物死后或有机物的个体毁坏以后,这些形式或灵魂究竟变成了什么?这正是一个最麻烦的问题,因为灵魂毫无用处地留在一堆混乱的物质之中,实在显得不合理。这终于使我断定,只有一个合理的看法可采取,这就是主张不但灵魂永存不灭,而且连动物本身及其有机的机器也是一起永存不灭的;尽管由于它的粗大部分已经毁坏,它们被还原为小到我们的感官不能感知,正如它在未出生之前一样。[38]同时,也没有人能够指出死亡的准确时间,死亡可能有很长一段时间只是若干可见的行为的停止,而这和单纯动物的情形并没有什么根本的不同,淹死而埋入粉笔灰中的苍蝇又复活以及其他一些类似的例子就是证明。由此人们完全可以看出,很可能有一些别的情形,即使机体毁坏的程度更严重,也同样能够复活,如果人类把那[动物的]机器重新装置一下的话。[39]看来伟大的德谟克利特所说的似乎与此很相近,尽管他是个原子论者,也不管普林尼对此是如何加以嘲笑的。[40]因此,既然动物始终是活的而且是有机的(一些有深刻见解的人已开始认识到这一点),它自然应该永远继续如此。而且,既然没有所谓动物的初生也没有全新的世代生殖,那么从严格的形而上学的意义上说,也就没有最后的断气或完全的死亡;由此可进一步推论,没有灵魂的轮回,而只有在同一动物身上依照着器官的不同折叠,或展开程度上的或多或少的一种变形。[41]

8. 然而,理性灵魂却遵循更高的法则,不蕴含有任何能够致使其丧失其作为心灵社会公民身份的东西。因为上帝把事情安排得如此周全,以致物质的任何变化都不会使理性灵魂失去其人格中的道德性质。而且,我们还可以说,万物不只是一般地趋向整个宇宙的完满性,而且还特别地趋向这些受造物的完满性。这些受造物注定要享有这样一种等级的幸福,以至于整个宇宙发现它自身也会由于传达给每个理性灵魂的上帝的善而能够在这一最高智慧所允许的范围内受益。[42]

9. 关于通常的动物的形体[43]及别的有形体的实体——直至现在都认为会完全消灭,它们的变化也被认为是依据机械规律而不是依据道德法则——我很高兴地看到,人们曾认为是希波克拉底的《摄生法》一书的古代作者[44],曾窥见这方面的部分真相。他曾明白地说过,动物是不生不死的,又说,人们认为事物有开始有消灭,其实无非是出现和隐而不见而已。亚里士多德所转载的巴门尼德及麦里梭的见解,[45]也是如此,因为这些古人实际上比人们所想象的要牢靠切实得多。

10. 我是最有心给予近代人以公正评价的;可是我发现他们的改革太过分了,除了别的一些方面之外,他们由于对自然的庄严缺乏足够崇高的观念,而把自然的东西和人为的东西混淆起来。他们认为,自然的机器和我们的机器之间的区别不过是大小的区别。最近有一位很高明的人[46]就说过,如果切近地观察自然,它就只像一个工匠的作坊一样,我们就会发现它不像所想象的那样令人惊叹了。我认为这实际上是对自然缺乏[足够公平而且][47]和它的尊严相配的观念,并且认为,只有我们这个系统才能使人最后认清,在神圣智慧的最微末的机械产品与一个有限心灵的最大艺术杰作之间究竟有多大的距离;这种区别不仅是程度上的区别,甚至是种类上的区别。因此,必须认清自然的机器确实有无数器官[48],而且已装置得十分精良,可经受一切意外,以致不可能把这些器官破坏。一个自然的机器，它最小的部分也还是机器，而且它曾经是什么机器就永远是那样的机器，只是由于受不同的折叠，而改变形式，时而展开，时而收敛。当我们认为它消失了的时候，它是收缩集中到了一点。

11. 此外，由于有灵魂或形式，于是就有一种和我们称之为自我的东西相应的真正统一性[49]；这种统一性不论在人为的机器还是在物质的单纯堆集（不管如何有组织）中都是不会有的；这种堆集只能被当作一支军队或一个羊群，或当作一个里面满是鱼的池塘，或当作一只由发条及齿轮构成的表。但是，如果没有真正有实体性质的单元，那么在这个集合中就完全不会有什么实体性的或实在的东西。这曾使柯德谟[50]不得不抛弃笛卡儿转而接受德谟克利特的原子论，借以去发现一种真正的单元。但是，物质的原子仍然是由许多部分构成的，因为一部分与另一部分即使牢不可破地结合在一起（姑且认为我们能有理由这样设想或假设），也完全不会使两部分间的差异因此而消失；除此之外，这种物质的原子也是违背理性的。[51]事实上只有实体的原子，也就是实在而绝对没有部分的单元，才是行动的根源，才是构成事物的绝对的最初本原，而且可以说是把实体性的东西[52]分析到最后所得到的元素。我们可以把它们叫作形而上学的点，它们有某种有生命的东西以及一种知觉[53]，而数学的点是它们用来表现宇宙的观点[54]。但是，当有形体的实体[55]收缩时，它们的所有器官一起在我们看来是变成了一个物理学的点[56]。因此，物理学的点仅仅表面上看起来不可分；数学的点是精确的[57]，但它们只是一些样式[58]；只有形而上学的点或实体（由形式或灵魂所构成的东西）才是精确而又实在的，没有它们就没有任何实在的东西，因为没有真正的单元就不会有复多。[59]

12. 确立了这一切之后，我认为已经进入了港口；但是，当我开始思考灵魂与形体的联系时，我就像又被抛进汪洋大海。因为我找不到任何办法来解释，形体怎么能把某种东西传递到灵魂中去，或者反过来说，灵魂怎么能把某种东西传递到身体中去；也不能解释一种实体怎么能够与另一种受造的实体进行交通。就我们从笛卡儿的著作中所能见到的来看，他把这个问题就搁置在这里了[60]；不过他的门徒看到通常的意见是不可思议的，于是就断定我们之所以能够感觉形体的性质，是因为上帝借物质运动的机缘(occasion)，使灵魂中产生思想；而到了我们的灵魂想推动身体时，他们又认为是上帝为灵魂来推动身体。而因为各种运动之间的交通在他们看来也是不可思议的，他们就认为是上帝借一个形体运动的机缘，同时使另一个形体运动。这就是我们所谓的"偶因系统"，这个系统经过《真理的寻求》的作者精心思考而得以发扬，曾风行一时。[61]

13. 我们得承认，就所说到的那不可能发生的方面看，他们已经对这个困难问题有深入的洞察；但他们对于那实际发生的情形所作的解释，却似乎并没有解除这个困难。诚然，就严格的形而上学意义上说，实际上并不存在一个受造的实体对另一个受造的实体的影响，而一切事物及其所有的实在性都是"上帝的德性"(la vertu de Dieu)所连续不断地产生出来的；但要解决这些问题，只用一般的原因，及请出那位人们所称的 Deus ex machina[62] 来是不够的。因为仅仅这样，而不能从次一级的原因方面来得出另外的解释，这恰好就是又去求助于奇迹。在哲学上，我们应当致力于说明理由，按照所论主题的概念，指明神圣的智慧是以什么方式处理事物的。

14. 因此，我既然不得不承认，灵魂或任何别的真正实体，除非由于上帝的全能，否则要从外部接受某种东西是不可能的，我就不知不觉地被引到了一种使我惊讶而又似乎不可避免的见解，而这种见解其实有很大的好处，而且非常美。这就是，我们应当说，上帝首先创造了灵魂或其他和灵魂同类的实在单元，而一切都[应当][63]从它（灵魂或单元）里面产生出来，就其本身而言完全是自发的，但又与外界事物完全符合。[64]因为我们的内心感觉（就是那些在我们灵魂本身之中，而不是在脑中或身体的精细部分中的东西），只是对于外界事物的一些彼此联系的现象或真正所谓的表面现象（apparences），像很有次序的梦一样，[65]所以，这些在灵魂本身之中的内在知觉就应该是由于它本身原来的构造而呈现于它之中的，所谓它本身原来的构造，就是说它的那种在被创造时即被赋予，并构成它的个性的能表象的本性（即能够表现与它的器官的性能相应的外物的能力）。也正是由于那使得每一实体都以它自己的方式并依照着一定的观点准确地表象着全宇宙这一情况，并由于对外物的知觉或表现，在某一特定的点并因灵魂本身的法则而到达灵魂之中，就像在一个分离独立的世界之中，并且好像除了上帝和它自己之外就没有别的东西存在似的（姑且用一位心灵高尚并以虔敬圣洁著名的人的说法[66]），因而在所有这些实体之间就会有一种完全的协调，这样所产生的结果，和有些平常哲学家的主张所产生的结果是一样的，这种主张认为，这些实体由于意象或性质的转移而彼此交通[67]。此外，由于灵魂的观点所在的有机质料更

切近地[为灵魂所][68]表现，这种有机质料又反过来自己准备每当灵魂有某种愿望时，就随时依照形体机器的法则而活动，而灵魂与这种有机质料彼此互不干扰对方的法则，如精气[69]与血液，每当灵魂的情欲和“知觉”需要它们有所运动时，它们那时恰好作出反应，正是这种在宇宙的每一实体中预先规定好了的相互关系产生了我们所谓的实体之间的交通，也就是这种关系独一无二地造成灵魂与形体之间的联系。由以上所说的我们就可以理解，灵魂是如何以一种直接的在场而在形体中有它的位置的，这种关系无法更密切了，因为灵魂在形体之中就像统一性在由各个单元所合成的复多之中一样。[70]

15. 这个假设是非常可能的。因为为什么上帝不能最初就给实体一种本性或内在的力，使它能依次产生（就像一个精神性的或形式的，但在具有理性的实体中是自由的自动机[71]一样）后来它所遭遇的一切，即它后来所有的现象和表现，而不必借助于任何其他受造物呢？实体的本性必然要求并本质上包含着一种进展或变化，没有这种进展或变化，实体就不会有活动的力。这一事实使上述假说更为可能。[72]因为灵魂的本性在以一种非常精确的方式（虽然明晰程度有所不同）表象着宇宙，灵魂自行产生的表象所组成的序列，就自然地与宇宙本身的变化所组成的序列相呼应。另一方面，形体也被安排好以适应灵魂，凡是灵魂被设想为向外活动之处，形体都会迎合着去适应它。由于只有心灵能与上帝交往，并能颂扬上帝的光荣，而形体是为这样的“心灵”而造的[73]，所以，说形体适应这样的心灵就更为合理。因此，一旦我们看清了这种和谐的假说（Hypothese des accords）[74]的可能性，我们也就同时看到了它是最合理的，并且看到它使人对宇宙的和谐和上帝的作品的完满性有一种神奇的观念。

16. 在这个假设中，还可以发现以下重要的长处，即与其像好些有才智的人士那样认为我们只在表面上是自由的，以及只要在实践上是自由的就够了，不如应当说我们仅仅在表面上是受束缚的，用严格的形而上学的话说，我们是完全独立的，是不受其他一切受造物的影响的。[75]这种说法更可以一种神奇的光亮显示我们灵魂的不灭，以及我们的个性永远保持同一，完全为其本性所规定，不受一切外在的偶性所左右，不管表面看来是如何相反。从来没有一个系统能更明显地把我们置于如此崇高的地位。每个心灵既然都像一个分离而自足的世界，独立于任何别的受造物，包含着无限，表现着宇宙，它就和一切受造物所构成的宇宙本身一样延续，一样永存，一样绝对。因此我们应当断定，心灵应该永远以一种最适宜于对由一切心灵所构成的社会的完满性有所贡献的方式，在宇宙中尽其本分职责，这种心灵社会在上帝之城中构成了心灵在道德上的联系。这里我们也发现一个令人惊异地清楚的关于上帝存在的新证明。因为这样一些彼此毫无交通的实体具有这种完全的协调，这必定只能来自共同的原因。[76]

17. 除了所有这些长处使这个假设值得推荐之外，我们还可以说这实际上并不止是一个假设，因为看起来几乎不可能再有别的可理解的方法来解释事物，而且只要能很好地理解这个假设，迄今一直困扰着人心的许多重大难题就都会自行消失。通常的说法也仍能很好地保留下来。因为我们可以说，实体的禀赋能以一种可理解的方式说明变化，以致我们可以认为，在这一点上，其他一切都从开始就照着上帝的律令安排好来与这一实体相适应，这种实体在此就应当被认为对别的一切有所作为。因此，一个实体对别的实体的作用，并非如常人所想的那样发出或移植一种实在的东西，而只有照我以上所说的那样，才能合理地得到理解。诚然，我们有理由设想物质的确能发出，也能接受其中的若干部分，而且因此我们才有理由来机械地解释一切物理现象；但是既然物质的团块不是一种实体[77]，那就足以看出关于实体本身的活动只能是像以上所述的那样。

18. 这些想法虽然看起来属于形而上学，但对于要在物理学上确立运动的法则也是异常有用的，如同在我们的动力学中可以看到的那样。因为我们可以说，在形体相互撞击时，每一个形体都只是受到已在它之中的运动所引起的自己的弹力的反作用。[78]至于绝对的运动，无论怎样都无法对它作数学上的规定，因为一切都终结于关系，因此就可能总有许多假说具有同等价值，就像天文学中的情形那样；[79]因此不论我们取多少个形体，都可以武断地任意指其中任何一个是静止的或是以某种速度运动的，而不会有任何直线的、圆周形的或复合的运动的现象来反证这种作法是错误的。然而，根据一种以最可理解的方式来解释现象的假定，赋予形体以真正的运动，这是合理的，因为这种说法和我们以上所确立的作用[或活动]的概念正相符合。

注　释

① 此标题为译者所加。原标题为本译文副标题。

拉塔(R. Latta)的《莱布尼茨的单子论及其他哲学著作》中有本篇的英译,文前所加的前言对本文的理解颇有帮助,这里一并译出:

"本篇匿名发表于1695年6月号《学者杂志》。在本篇中,我们可以看到莱布尼茨的新系统的第一次公开陈述(参阅拉塔的'引论'第一部分,第12页)。就其特色而言,本篇远比他以后的作品更具有试验的性质,只是在本篇的最后(第17节),他才敢说他的观点'不止是一个假设'。这正是莱布尼茨的特性:他喜欢从提示与假设入手。但他只是把假设当作一块'踏脚石',如果可以进至更远,他是不愿停止于此的。他曾对贝奴伊(Bernouilli)说:'凡是可以获得确定性的东西,我不愿用假设。'(格哈特编:《莱布尼茨数学著作集》第3卷,第575页)在他发表《新系统》将近二十年之后,他才说道'这个系统,我敢说是已经证明了的'(《单子论》第59节)。所以,我们对新系统的特别兴趣,在于它使我们看到了莱布尼茨哲学创立过程中的一些东西。因为在这篇作品中,他有历史的叙述,给我们指示了他的思想历程。

《新系统》可分为两个主要部分,在第一部分(包括第1—11节)中,莱布尼茨告诉我们他是怎样被引到把经院学派的'实体的形式'重新引入哲学,以及这些形式、灵魂、单纯的实体或实在的单元应在何种意义上来理解;而在第二部分(第12—18节),他把他的实体学说应用到灵魂与形体、心与物之间的关系问题上,并发现这个问题只有用'一切单纯实体之间的前定和谐'这样一个假设才能满意地解决。分析一下本篇的标题,我们可以说第一部分是讨论实体的'本性',而第二部分是讨论它们之间的'交通'。

爱德曼(Erdmann)本所收入的《新系统》是照原本所发表的样子,格哈特(Gerhardt)本则照莱布尼茨以后改过的样子,并且选录了令人感兴趣的新系统的初稿。……"(《莱布尼茨的单子论及其他哲学著作》,牛津1898年版,第297—298页)

我们这里的译文所根据的和拉塔一样,也是格哈特本(以下简称G本),并且把"初稿"一并译出,附在下面。和爱德曼本(以下简称E本)有重要不同之处,将在注中指出。各节所标数字为G本所无,乃照E本。本篇载G本第4卷第477—487页;E本第124—128页。

② nature,既有"本性"的含义,也有"自然"的含义。在莱布尼茨那里,此词有时还兼有"自然"和"本性"两种意义,这时就译作"自然本性"。

③ communication，此词本来也作“交通运输”的“交通”讲，这里也译作“交通”，当然不能与海陆运输之类混为一谈。拉塔注：“意即彼此间的关系或相互的作用。”不过要注意，莱布尼茨所讲的实体间的交通，并不是一个实体直接地真正对别的实体有所作用，更不是一个实体“输送”了某种东西给另一实体。他所说的实体，亦即单子，是“没有窗户的”，没有东西可以从外面进来或从里面出去，也就是说，是完全独立的，不受别的受造的实体的影响。因此，他所说的实体之间的“交通”，其实就是彼此间的“前定和谐”。看完了本文之后，就可以理解这一点。

④ 这里的“灵魂”和“形体”都须作点说明：莱布尼茨所使用的“灵魂”(âme)，在一定意义下，实质上指的是一个东西之中的“统一性”或“单一性”，“是我们之中的可以称为‘自我’的东西”，也就是“形式”、“单子”、“实体”。因此，他说不但人有灵魂，动物有灵魂，一切通常认为是无生命的东西只要成为一个个体，就都有灵魂。至于高级的有理性的灵魂，他又称之为“心灵”(esprit)。至于“形体”，原文为“corps”，既指人和动物的“身体”或“躯体”，又指一般的“物体”，为表示其同时有多种含义，姑译为“形体”。

⑤ 莱布尼茨自己注明是指阿尔诺(Antoine Arnauld, 1612—1694)，他不仅是神学家和哲学家，也是数学家。在当时冉森派与耶稣会派神学家的著名争论中，他是冉森派的一名主要代表。莱布尼茨最早在1686年与阿尔诺的通信中，就已表述了自己日趋成熟的哲学观点，但当时并未公开发表。这些书信到1846年才公开出版。

⑥ 指黑森-莱因费尔斯的恩斯特伯爵(Landgraf Ernst von Hessen-Rheinfels)，莱布尼茨和阿尔诺的通信就是通过他转达的。

⑦ 阿尔诺写信给恩斯特说：“我发现这些思想中的许多东西都叫我吃惊，而且如果我没有弄错，几乎所有的人都会觉得震惊，因此我看不出写这样显然会遭到一切人拒绝的作品究竟能有什么用。”(G. ii. 15)莱布尼茨对此深有所感，但阿尔诺在一封给莱布尼茨本人的信中作了许多解释并为自己辩解(G. ii. 25)。

⑧ 莱布尼茨所说的“动力学论著”指的是《动力学样本》(指 Specimen Dynamicum)，发表于1695年4月号《学者杂志》上。

⑨ “初稿”中接下来有“他们认为这些见解在若干重要事物上对信仰与

理性的协调有所帮助”(见初稿 1)。

⑩ 莱布尼茨 15 岁时入莱比锡大学,当时他就开始读培根、卡尔唐(Cardon)、康帕内拉、开普勒、伽利略、笛卡儿等人的著作。但他读书从来不为书本所缚,而是抱着批判的态度;读别人的书,是为了用它作“称量及考虑”的材料。所以在 15 岁时,他就想着是否应该把经院派的“实体形式”重新引入哲学。他当时最敬佩的导师托马修斯(Jacob Thomasius),虽然是学古代及经院哲学的,但他自己读的是近代的著作,因此思想上就从古老的哲学转到“机械论”及数学上来了。“实体形式”被暂时搁置,但到后来则又改头换面地重新成为他的思想的主干。因此有人说,要了解莱布尼茨,必须认清他的主要努力方向是要把近代的机械观和古代的“实体形式”说加以调和。不过调和并不是折中拼凑,而是要经过改造的。(参见《莱布尼茨的单子论及其他哲学著作》第 3、156 页)

⑪ 这意思是说,我们对力虽然不能用“想象力”来作图画式的想象,但却可以用理解力很好地加以理解。“力”的概念是“形而上学”的,因为“力”不仅仅是物理世界内的东西,不是像物理世界内的别的东西一样可以被知觉的。至于“力”究竟是什么,“初稿”第二段有较详细明确的解释,可参阅。

⑫ E 本作“并且和那些点完全不同,连续体决不能由这样的点组合而成”。

⑬ E 本此句作“……我就不得不求助于一种形式的原子,因为一个物质的东西不能同时是物质的又是完全不可分的,或赋有真正的统一性的”。G 本此处也在脚注中引了如 E 本的原文。按此处和以上及别处所用“统一性”和“单元”,在莱布尼茨法文原文均为“unité”,但前者用单数,有时并以大写字母开头,后者则用复数;拉塔英译前者作“unity”,后者作“units”,现分译为“统一性”和“单元”,读者可注意两者的区别和联系。

⑭ 参阅“初稿”第 2 节中“照我的意见……只要用形体和运动就够了”一段。

⑮ “初稿”第 3 节中有“以别于被叫作动力的次级的力……”。

⑯ 莱布尼茨所指的也许是圣托马斯的《神学大全》中的如下一段话:“那种要求各部分有区别的实体形式,例如灵魂,特别是十足的动物的灵魂,对于全体和对于各部分的关系是不一样的。因此,这种实体形式不能凭偶性加以

划分,意即不能给予量的划分。"(Summa Theol. i. qu. 76, art 8.)但在别处圣托马斯又说:"低等动物中的能感觉的灵魂是可能毁坏的,而在人中的灵魂,既然是和在作为理性灵魂的实体中的一样,因而是不能毁坏的。"(De Anima, art, 14, ad primum)

⑰ E本无"单纯"一词。

⑱ 参见《以理性为基础的自然与神恩的原则》第6节,及《单子论》4、5、6、76各节。有"真正的单元是绝对不可分解的"。

⑲ Albert le Grand (Albertus Magnus, 1193—1280),巴伐利亚的哲学家、神学家和炼丹术士,多明我会的修士。

⑳ Jean Bacon,或 John Baconthorp,死于1346年,加美尔派(Carmelite)修士。莱布尼茨在这里所指的也许是他所著的 *Commentaria seu quaestions in quatuor libros sententiarum* 中的一段。

㉑ 此处所指的也许是大阿尔伯特的《生物大全》中的一段:"我们认为低等动物和植物的灵魂是由生殖从种子的物质中引出来的。但如果问这些灵魂是否就在种子中,我们说在一种方式下在种子中,在另一种方式下又不在种子中。……它们并非现实地在种子中,而是在动力因和质料因的潜能这一方式下在种子中的。……而如果问,这种动力因是什么,是否就是灵魂?我们说……并不是灵魂……"(Summa de Creaturis, part. ii, qu. 16, art. 3)。参见 De Animalibus (xvi. II.):"生命的本原在种子中,如同行为在行为的工具中……同样地,灵魂在种子中,如同行为,而并非如同一个有机体的'隐德莱希'……在种子中的是属于灵魂的某种东西而并不是灵魂。"还请参见 De Anima (bk. i. Tract. 2, cap. 13):"灵魂是不可分的,不能从灵魂中分割任何东西下来。"关于约翰·培根,参见 *Commentaria seu quaestiones in quatuor libros sententiarum*, in secundum, Dist. xii, qu. 1, Art. 3, §3。

㉒ Pierre Gassendi (1592—1655),以复兴伊壁鸠鲁的原子论闻名,但他本人并不认为原子是自身永恒存在的,而说原子是上帝创造的。

㉓ E本无方括弧内的词句。

㉔ E本无方括弧内的词句。

㉕ 参见《单子论》第65节以下。

㉖ E本无方括弧内的词句。

㉗ 参见《单子论》83、84、89 各节。

㉘ “粗野无智的灵魂”,G 本原文为 Ames brutes,E 本则为 Ames materielles(“物质的灵魂”),指无理性、无自我意识或清楚意识的灵魂,亦即前段所说的“深陷于物质之中”的灵魂或形式。

㉙ “意象”,原文为 espèces,别处亦作 espèces intentionelles,有些经院哲学家用来指事物的性质,仿佛可以脱离事物本身而漂浮于空中,进入感官则形成感觉,也可以转移到其他事物中,是经院哲学中不科学的臆说,为莱布尼茨所屡次否认和嘲笑。

㉚ 有“这种灵魂轮回的说法是荒谬的。实体的原则并非飘荡于实体之外”。

㉛ J. Swammerdan (1637—1680),荷兰博物学家,以观察昆虫的生活著名。

㉜ M. Malpighi(1628—1694),意大利的医生和解剖学家。

㉝ Antoon van Leeuwenhook (1632—1723),荷兰最早用显微镜观察微生物的学者之一,竭力支持哈维的血液循环论,又以对精虫及胚胎的研究著名。

㉞ transformation,指蠋变蝴蝶,蚕变蛾之类的变化。

㉟ 指马勒伯朗士(Nicolas Malebranche, 1638—1715),笛卡儿派著名哲学家。

㊱ Pierre Sylvain Régis,即勒罗阿(Leroy,1632—1707),从唯物主义方面继承和发挥笛卡儿哲学的法国哲学家。

㊲ Nicolas Hartsoeker (1656—1725),荷兰物理学家,曾与莱布尼茨通信讨论自然哲学。

㊳ 参见《单子论》第 73、77 节。

㊴ 参见《单子论》第 14、21 节;《以理性为基础的自然与神恩的原则》第 6、12 节。莱布尼茨在 1687 年给阿尔诺的信中说:“睡眠(这是死亡的一种‘影像’),昏迷状态,蚕在茧中,淹死的苍蝇撒上干粉末(否则就一直是死的),在芦苇丛中过了一冬、毫无活态的燕子的复活,冻死、溺死、绞死的人的复活,……所有这些都可以用以肯定我的意见,即这些不同的情形只是程度上的差别,而如果我们没有办法使别的方式死的人或动物复活,那只是因为我们不

知道应该怎么办，或者虽然知道该怎么办，而我们的手，我们的工具，我们的某物不能完成这手段，尤其因为有时候尸体分解太快或程度过深。因此，我们既然有了这种类比，尤其是有了坚实的论证，证明了情形和通常所想的相反，我们就不应该以通常人对生死的观念为满足。”(G. ii. 123)

㊵ Pline，即 Gaius Plinius Secundus (23—79)，罗马博物学家，在他所著的《自然史》第 7 卷第 55 章中曾说：“德谟克利特提出了一个错误的意见，认为死了还能再生，而他自己就没有复活。”

㊶ 参见《单子论》第 72、73 节。有“而由于有机体的精细……对它再无可奈何而已”在“新系统”第 1 节莱布尼茨所提到的他与阿尔诺的通信中，阿尔诺曾问他，亚伯拉罕用来代替他的儿子而牺牲的公羊（见《圣经·创世记》第 22 章），究竟变成了什么呢？这是阿尔诺所提出的对于莱布尼茨动物不死说的诘难，而此节文字可作为莱布尼茨对他的简短答复。

㊷ 这一节和以上第 5 节，似乎可看成是莱布尼茨道德思想的形而上学根据，并且是他和斯宾诺莎的主要分歧点之一。斯宾诺莎反对把人性看成在自然中有特殊地位，反对把自然中的人性看作是如同“一个王国中的另一个王国”（参见《伦理学》第 3 部分序言），而莱布尼茨则认为理性灵魂“属于较高的层次”，“遵循着更高的法则”。斯宾诺莎认为人的行为和欲望等等可以和几何学上的点、线、面一样来研究（同上），而莱布尼茨则认为人类的灵魂就是具体而微的“小上帝”，是有其“特别法”的，不受普通自然法则的支配。正因为理性灵魂亦即人类灵魂是“小上帝”，所以万物不仅促成了整个宇宙的完满，也促成了人类灵魂的完满。也因为如此，所以“一切都是为心灵而造，整个宇宙都……由于这些受造物的幸福而受益”。

㊸ E 本作 cours（过程）而不是 corps（形体）。

㊹ Hippocrate，公元前 5 世纪古希腊最伟大的医学家。《摄生法》(*De diaeta*)一书，现被认为不是他的著作。莱布尼茨所指的也许是该书中的如下一段：“万物中没有东西是能毁坏的，也没有开始成为这样的东西不是先已存在的……而且既不可能有动物的死亡，除非与万物同归于消灭（因为它怎么会死呢？）；也不可能原来不存在的东西会变为存在（因为它能从哪里来呢？）；但万物长大或缩小到最大或最小则是可能的。”见 Bywater, Heracliti Ephesii Religuiae. Appendix ii.。

㊺ 亚里士多德《论天》中说:“有些人认为这个世界上根本就没有产生和毁灭。他们说,没有一个存在的东西是产生出来的或毁灭掉的……这就是麦里梭和巴门尼德学派的主张。”巴门尼德(Parmenides,约生于公元前540年)和麦里梭(Mélissus de Samos),均为希腊爱利亚派哲学家。

㊻ G本原注:在原稿中此下莱布尼茨以后自己添上了“auteur des Entretiens sur la pluralité des Mondes(《谈宇宙多元性》的作者)”等字样。译者注:此书作者为丰特奈尔(Bernard le Bovier de Fontenelle, 1657—1757),曾长时间任巴黎科学院常务秘书。该书为普及宣传哥白尼天文学的作品。

㊼ E本无方括弧内的词句。

㊽ 参见《单子论》第60节。人造的机器,其“器官”或对全架机器各有一定功能的部分,数目是有限的。一个齿轮的齿,是该齿轮的器官,也是整架机器的器官。但构成这个齿的物质分子既不是这个齿轮的器官,也不是这台机器的器官。反之,自然则整个地都是“有机的”;其中没有一部分不是全体的一个“器官”。因此,一台“自然的机器”是“确实有无数器官”的。

㊾ 这里所谓的“自我”(Le Moi, Ego),是一个相当麻烦的问题。在莱布尼茨那里,应该说还没能看到“先验的自我”和“经验的自我”的区别。康德所谓的“先验的自我”是知识所以可能的条件,并不是一个“实有”,虽然要知识可能,要道德可能,这样一个自身同一的先验自我是必要的“假定”,必要的“条件”。所以这样的先验自我是有统一性或“单元”的。而“经验的自我”,即使除开了身体,就经验自我的意识而言,也是内感觉所感觉的对象,是在时间之内的东西,而在时间空间内的东西,总是可分的。所以,在经验的自我中我们找不到单元,如同我们在物质和形体中找不到单元一样。可以看出,莱布尼茨这里所说的“自我”应该是指“先验的自我”,因为只有先验的自我才可以说是不可分的“单元”,才有作为“实体”的资格。但就莱布尼茨的整个哲学看,就他所提出的灵魂是能动的、有感觉欲望的等主张看,我们又不能肯定地说他这里所说的“自我”是“先验的自我”。而且“先验的自我”只是知识的条件而不是知识的对象,也不是实体,因此也就不能说它是莱布尼茨的那种实在的、多元的、以“力”为其本性的“实体”。所以,这里所说的“自我”既不能是“经验的自我”,也不能是“先验的自我”。未能弄清楚“自我”的观念,是导致莱布尼茨形而上学独断论的重要原因之一。

㊿ 柯德谟(Geraud de Cordemoi),生于17世纪初,死于1684年,原为法国笛卡儿派哲学家。他在格林克斯(Geulincx)提出“偶因论”的同时,也独立地提出了相同的见解。1666年他发表了他的主要哲学著作《身体与灵魂的区别》,背弃了笛卡儿而采取了原子论的观点。

51 物质的原子不管怎样小,总是占空间的,因此在理论上是永远可分的,达不到止境。参见“给哈棱克的信”:“原子是由我们想象力的弱点所产生的结果,我们的想象力总喜欢划分或分析到某一程度就停止或匆忙地认为到头了。而在自然本性中并不是这样,它是从无限来,到无限去的。”(G. iii, 507)既永远可分,就永远有部分,而两部分总永远是两部分,不会一样,因此就无法成为“单纯”的实体。

52 E本为“实体”(substances)而不是G本的choses substantielles。

53 莱布尼茨所说的知觉(perception),是每个单子的一种能像镜子一样“反映”全体的特性。每一单子都凭借这种知觉而在某种意义上包含着全宇宙。凡独立的能成为实体的个体都有“灵魂”或类似灵魂的东西,而灵魂都有“知觉”,因此这种知觉不一定包含通常所谓的“意识”,而在高级的灵魂如人的灵魂中的那种有意识作用的“知觉”,莱布尼茨称为Apperception(“察觉”或译“统觉”)。

54 “观点”的原文为points de veue,在E本中为单数。数学的点是空间中的位置,而当我们说到空间中的位置时,我们是以一种混淆的方式来描述单子间的主要关系。参见《单子论》第60—62节。

55 “有形体的实体”(substances corporelles)一词,也很容易使人迷惑。照莱布尼茨的说法,只有“灵魂”才是不可分的,才是实体,形体本身总是可分的,总不能是实体。他在给阿尔诺的信中也说“称我们的形体本身为实体只是名词的误用”(G. ii. 75)。不过,每一个受造的单子或实体都有其形体,“灵魂自然决不会没有形体”。因此,所谓“有形体的实体”,是着重从一个实体有其形体方面来看的,并非“形体”本身得为“实体”。有时这个词只是在通常意义上用的。

56 参见《单子论》第68—69节。

57 “精确”的原文为exact,拉塔译作indivisible,即“不可分的”。

58 样式(modalités),意为非独立的实有。

(59) 调和一与多的关系，是莱布尼茨的主要课题，而没有真正的“单元”就无法构成真正的复多，是莱布尼茨的主导思想。此段是莱布尼茨哲学中的重要文字，也是整个哲学思想发展史上的重要文字。

(60) 笛卡儿说：“人的心灵不能明晰地设想灵魂与形体间本质上的区别，同时又设想它们之间的联系，因为那样就必须把两者同时看作是一个单独的东西，又是两个不同的东西，这是矛盾的。”见 Cousin 本《笛卡儿著作集》第九册第 132 页。

(61) “偶因系统”（le Système des Causes occasionnelles），也称“偶因论”（Occasionnalisme），源自本文中以上所说“occasion”一词，这词既有“时机”、“机缘”等含义，也有“原因”、“理由”等含义，故也可译作“机因论”或“缘因论”，现照今已较通行译法作“偶因论”。此学说的最早建立者为格林克斯（Arnold Geulincx，1625—1669），生于今比利时的 Anvers，此说初见于他发表于 1665 年的《伦理学》一书。但使“偶因论”得以发扬并产生较大影响的是马勒伯朗士，他的名著《真理的寻求》初发表于 1674 年。

(62) 拉丁文，或可译作“救急神”，原意为古希腊戏剧舞台上剧情陷入困境时就从机器中放出神灵来解除困难；转义为在理论上陷入困难时诉诸神或上帝，以给人一种似乎解决了问题的假象。

(63) 此处 G 本为 doint naistre；E 本作 naistre，即无“应当”一词。

(64) 关于灵魂的“创造”（Création）和“自发”性（spontanéité），参见《单子论》第 47 节及《论事物的根源》。上帝与别的单子的关系是莱布尼茨哲学的困难之所在。他要保持单子的个体性，同时又要保持单子与上帝的本质上的统一性。因此他在《单子论》中就用了“闪耀”（fulguration）一词作为“创造”与“流出”（emanation）之间的名词。“创造”似乎显得上帝与单子之间的关系隔得太远了，而“流出”又似乎显得两者太同一了。“闪耀”则表示单子既不是绝对无中生有地创造出来的，也不是神性的绝对必然的产物或样式，而是一种趋向于实现其自身的可能性。但是这种实现又需要上帝的帮助、选择或意志，以使它获得自由而不受相反的可能性的限制。作为一种可能性，它本质上就是有限制的，意即不是绝对圆满的，不是纯粹的现实性，而随时准备着随上帝的意志像闪电一样闪耀出来。如果没有上帝的选择，则各种可能性就只是彼此制约而抵消了。但上帝的选择也不是别的，而只是清除若干特选的可能性的发展所受的阻碍而已。“创造”并不是在宇宙中加进新的东西，但也不是从“永恒的存在”流出一些情状。因此，莱布尼茨的“连续闪耀”应当与笛卡儿的“连续创造”区别清楚。照莱布尼茨的说法，事物的保持不失，不是像笛卡儿所说的使事物的存在以奇迹的方式不断翻新，即永远重复地再创造，而是上帝的活动、选择或意志的连续不断，使某些可能的事物获得存在的自由，也只是通过这样，事物才能继续存在。任何事物的相继状态，既不是彼此完全独立不依的，以致每时每刻都要上帝来重新创造（笛卡儿），也不是彼此绝对地相互依赖，以致每一事物都依照逻辑或数学的必然性而从在它之前的事物发展出来（斯宾诺莎），它们是基于事物的本性而联结成前后相继的系列，而每一事物都是遵循一定的法则，自动地从在它之前的事物发展而来的，只要上帝选择了让它这样发展。“连续闪耀”就是上帝的意志连续地让实际世界中的单子展开或发展其本性。（以上采自《莱布尼茨的单子论及其他哲学著作》第243—244页拉塔对《单子论》§47“连续闪耀”一词所加的注释。录此供参考。）

(65) “很有次序的梦”，意即并非真正任意荒唐的梦，而是一种“有良好根据的现象”。说它“很有次序”或“有良好根据”，意思就是它们不是散乱不连贯的，而是形成整个系统、可寻求其前因后果的；说它是梦或现象，意即它们不是“客观的”、独立的、实体的实在，而是“主观的”、内在的表象。

(66) 据莱布尼茨的研究者基尔希曼（Kirchmann）的看法，此人可能是指傅歇（Simon Foucher，1644—1696），法国教士，宣扬怀疑论哲学，曾与莱布尼茨通信，莱布尼茨在与他的通信中最先提出对“新系统”的若干说明。

(67) 参见《单子论》第7节。

(68) E本无方括号内的词句。

(69) “精气”的法文为les esprit，亦即les esprit animaux，原为笛卡儿所用的名词，指血液中的一种很精细的微粒，用来说明神经的传导、肌肉的运动之类的现象。

(70) 笛卡儿也主张灵魂应当在整个机体中。但他又主张：“可是形体中有一部分比其余部分更特殊地是灵魂行使它的功能的地方”，这个特殊的地方就是脑中的松果腺。莱布尼茨则想要指出，在他自己的假设中，灵魂与形体之间的联系要密切得多。灵魂是“直接地在”形体之中的，因此并没有特殊的地方而是在所有各部分之中(独立不依于各部分的位置),就像统一性在全体的各部分之中一样。

⑪ 每一实体都有“自发性”,因为它的整个现象或状况都是从它自己里面产生出来的;唯独理性的灵魂有“自由”,因为自由是遵循正确的理性的领导而从事的行为。

⑫ 没有一个实体能对它之外的任何东西有所作用。因此它的“作为”必须表现在某种内部变化之中。

⑬ 意即形体完全服从心灵,正如“动力因”从属于“目的因”一样。参见《单子论》最后几节。

⑭ 在初稿 5 中,莱布尼茨说:“我把这叫作‘符合系统’。”到此为止,莱布尼茨还在探索着而没有找到“前定和谐”(l'harmonie préétablie)这个术语。到 1696 年在“新系统说明(一)”(见下)中才第一次用了“前定和谐”。

⑮ 关于莱布尼茨论意志自由的问题,可参见以下“说明(八)”即“答《自我认识》一书中对前定和谐系统的驳难”(第三个困难)。并参见《莱布尼茨的单子论及其他哲学著作》第 141 页以下。

⑯ 参见初稿 5:“诚然这只是由于一种分享……是由于它们表现着共同的原因。”以及《自然与神恩的原则》第 11 节。

⑰ 参见注55。

⑱ 莱布尼茨不承认宇宙间有一定量的运动散布在宇宙的各处,并且毫无分别地从一个形体过渡到另一个形体。他似乎认为每一个形体都有一种力,这是它实际运动的原因,而当两个形体相撞时,并不是有一种运动从一个形体传到另一个形体去,而是每一个形体中关闭着的力以某种方式放松了,这种放松就表现在它们的那种弹回来的弹力或反作用中。

⑲ 这里所说的天文学上等值的假说,大概是指哥白尼和第柯・布拉赫(Tycho Brahe, 1546—1601)两人的学说。根据哥白尼的假说,所有行星都绕太阳旋转;根据第柯・布拉赫的假说,太阳绕地球旋转,而其他行星绕太阳旋转。就当时所观察到的现象看,两种假设都一样能作出解释。

新系统初稿[①]

——解释实体的本性及其彼此间的交通，兼释灵魂与形体的联系的新系统（初稿）

1. 好几年以前，我就已经想到这个系统，并且拿它和一些博学之士，特别是当代一位最大的神学家和哲学家交换过意见，这位哲学家由于和一位最高贵的人士有往来而知道了我的若干见解，觉得它们非常奇怪。但自从接受了我的说明之后，他就以世界上最慷慨果敢、最值得效法的态度收回了自己所说的话，而且自认可了我所提出的一部分主张之后，对其余他尚未同意的主张也不再批驳了。从那时候起，一有机会我就继续深思，总想使公开发表的意见都是经过细心审查过的；还有我的那部和这个系统有连带关系的动力学论著，对于反对它的人我也曾力图给予令人满意的答复。最后，因为有些可敬的人士希望我把我的见解加以整理，他们认为这些见解在若干重要事物上对信仰与理性的协调有所帮助，因此我就冒昧地提出这些思想，以求教于开明人士，因为要特意个别地寻找和请教那些有意给我教训的人，实在太困难。而这种教训，不论公开地还是个别地提出，只要是善意的，我都永远乐意接受。

2. 人们可能会感到惊奇，我为什么要自命以某种方式复兴有

些人认为已经如此没落了的经院哲学，并企图提供点什么以便用某种可理解的方式来解释亚里士多德、圣托马斯及经院哲学家们的若干似乎已被人们抛弃的东西。在这方面，人们也许会认为我是属于想用性质或机能，用“始基”(archée)或别的类似的名词来解释自然现象的根由的人之列。因此，我不得不预先声明，按照我的意见，自然中的一切都是机械地被造成的，而且要给某种特殊现象(例如重量或弹性)一个确切而充足的理由，只需用图形和运动就够了。但机械的原则本身以及运动的法则，我认为是由一种较高级的东西产生的，这种较高级的东西与其说依赖几何学，毋宁说依赖形而上学，虽然“心灵”很理解它，但却是想象力所不能达到的。因此我发现，在自然中除了广延这个概念之外，还得用“力”这个概念，这种力使物质能够活动并且能够抵抗；而所谓“力”(force)或“力量”(puissance)，我并不认为就是能力(le pouvoir)或单纯的机能(la faculté)，后者只是一种能够活动的直接可能性，并且跟死的东西一样决不能不受外来的刺激而产生行动；而我认为力是介于能力与行动之间的东西，它包含着一种努力，一种作为，一种“隐德莱希”，因为“力”只要不受什么阻碍，本身就会过渡到行动。这就说明了为什么我会认为力既然是行动的原则，那么也就是实体的构成要素，因为行动是实体的特性。因此我发现，物理作用的动力因的根源是在形而上学方面；在这方面我和有些人确实相去甚远，那些人在自然中只看到物质或广延的东西，因而使虔信宗教的人不无理由地产生一些猜疑。我甚至认为，对于善或目的因的考虑虽然属于道德方面，但用来解释自然事物也是很有用的，因为自然的创造主是依照秩序和完满性的原则，并以至高无上的

智慧而行动的;而且我在别处也曾经用光线发射的一般原则作为例子,指明了为什么目的因原则常常就足以用来发现自然的奥秘,直等到直接的动力因出现,这种动力因是比较难得发现的。虽然我承认惠更斯先生给我们提出的关于光线及折光的发生的学说,比迄今所有其他学说都显得更接近真理。

3. 但是,让我们来把已答应要讲的作一陈述,我要从一个实体与许多实体的集合或聚集之间所应有的区别开始。当我说“我”时,我所说的是一个单独的实体,但是一支军队、一个羊群、一个充满了鱼的池塘,即使当它结了冰而与其中所有的鱼一起变成了一个硬块时,却永远都是许多实体的一个集合体。这就说明了为什么如果撇开灵魂或其他这类统一原则,我们就永远不能发现一堆形体的质料或物质的部分会是真正的实体。这将永远是一个集合体,因为物质实际上是无限地分割开的,以致其最小的部分都包含着无数的创造物,甚至可能包含着动物。这个困难曾迫使已故的柯德谟先生摒弃了笛卡儿而去求助于原子,认为从原子那里可以找到真正的单元。但是,原子除了有悖于理性和秩序之外,实际上还包含了它由以构成的部分,而且它也完全不能有助于区别这些部分是否实际上是分离的。然而,既然我们一定得在形体的自然本性中找到一些真正的单元,没有这种单元,就既不能有复多,也不能有集合,那么,那种造成有形实体的,必定是相当于我们人的那种称作“自我”的东西。它是不可分的、然而是能动的,因为是不可分而且没有部分的,所以不是一个堆积而成的东西,而因为是能动的,所以是一种实体的东西。我们有理由相信,动物中有这样的东西,它使动物能够感觉,我们把这种东西称为它们的灵魂,圣托

马斯也断定它应该是不可分的。甚至于一切有机的物种中似乎都应该有某种相当于灵魂的东西，哲学家们称之为“实体的形式”，亚里士多德称之为初始的“隐德莱希”，我则或许更可理解地称之为原始的力，以区别于被叫作动力的次级的力，这种动力是原始的力的一种限制或偶然的变种。但是，即使我们对动物、植物或特别提出的其他某物种丝毫不愿确保它们有这样的东西，我们总应该一般地承认，万物中充满这样的一些东西，它们本身包含着一种和灵魂相似的真正统一的本原，并以某种方式和有机体相联结；否则我们就永远不会在物质中发现实体，而形体就只是一些现象，而且和有条理的梦一样了。同样，古代人，特别是柏拉图，也已经清楚地认识到，物质如果单凭它自己，即如果没有我们刚才所解释的不可分的本原，就不能是实在的或确定的东西，因为这样也就不会存在有形体的实体。

4. 至于这些形式、灵魂或实体性的本原的开始和终结，应该说它们的起源只能是由于上帝的至高无上的权能的特意创造，它们的终结也只能是由于上帝的至高无上的权能的特意消灭。哲学家们常陷于困境，因为他们要寻找它们的根源，实在是寻找不可能的东西。诚然，经院学派中的大阿尔伯特、约翰·培根和另外一些人，也似乎窥见这个真理的一部分。因此，这些形式就其自然地来说是没有始终的，而且也没有理由说它们不能具有原子所具有的特权，依照伽森狄派的说法，原子应该是永存不灭的。凡是真正的实体，它就应该具有这种特权，因为真正的单元是绝对不可分解的。既然如此，就应该相信这些实体是最初和这个宇宙同时被创造出来的。如果不是上帝用他的万能的权能再创造一些实体，我预料,就会有些轻易下判断的人首先在这一点上向我宣战,说我认为灵魂在降生之前就已存在,因此就引入了灵魂的"轮回"。我的回答是,这种灵魂轮回的说法是荒谬的。实体性的本原并非飘荡于实体之外的。灵魂自然地决不会没有形体。因此,与其相信灵魂的轮回,倒不如应该认为有一种同一个动物的变形。严格地说,似乎既没有生,也没有死,而只有业已形成,并且虽然可感觉性的程度有不同但却总是活着的动物的展开与收拢、增大与缩小。已故的斯凡美丹先生曾婉转地引述过动物的这种产生,而刘汶胡克先生的观察则证实了它,马勒伯朗士神父,甚至讲述这种见解的雷基先生,似乎也和这个看法相去不远。但是,如果我们否认动物的最初出生,自然也就得放弃认为动物有严格哲学意义上的死亡或最后的消灭的看法。通常归之于希波克拉底的《摄生法》一书第一卷的作者,也持这种见解;他想把常人所认为的生与死的看法看作是或多或少的出现或不出现。亚里士多德书中所谈到的巴门尼德和麦里梭也这样说过。而由于有机体的精细可达到无限(我们可从种子的情形来断定这一点,后一代的种子包含在前一代的种子里面,这一代的种子包含着具体而微的后一代有生命的有机体,这个有机体又包含再下一代的有机体,这样继续不断地重复,可至无穷),我们很容易判断,即使最精细、最激烈的火本身也不能把动物摧毁,因为它至多也只能把动物化成极小,小到使这种元素(火)对它再也无能为力而已。然而,我并不想人们把所有这一切都应用到有理性的灵魂上去,这种灵魂是高一级的,上帝给了它一些特殊的法则,使它可以免除那种物质的变革。上帝对于无理性的创造物,只不过是以一个制造者及主人的身份行事,但对于能够认识他并且爱他的灵魂，却像父亲或首领一样行事。理智的世界（这不是别的，就是宇宙共和国或“上帝之城”）并不服从形体那一层次的较低级的法律；而整个形体系统似乎只是为了理智世界而造成的。我还可以说，禽兽的感觉和痛苦同我们的感觉和痛苦相比，完全属于另外一种性质，并且因为其中没有反省的思考，所以并不会使禽兽有什么不幸。这是用来回答那么一些人，他们想象着如果禽兽也有灵魂，上帝的公道对它们而言就会受到伤害。

5. 但是，为了要更清楚地了解实体的性质，还必须知道关于每一实体的完全的概念。它虽然是不可分的，但却是无限的，而且永远表现着它的全部过去和全部未来，以至于上帝或能确切认识它的人，可以从现在看到它的一切。然而，现在的禀赋（不论它可能有怎样的倾向）却决不能使未来的偶然事物必然发生或将它消除。这甚至于还可以更进一步，因为每一个单独的实体都在本身之中表现着全宇宙；这是一面完全的镜子，依照着它自己的关系或观点［来反映宇宙万物］，虽然由于这种无数事物在每一实体中的结合使它不能有明晰的认识。这是关于全宇宙的，也像关于我们身体的一样，如希波克拉底所说，一切在其中都是协同一致的。因此，一个被创造的实体，从严格的形而上学意义上说，并不能真正对另一个实体发生作用，一切都来自每一实体自己的内部，因为每一实体都分别地以它自己的方式表象着全宇宙。诚然这只是由于一种分享，虽然受神圣的圆满性的限制；因为结果之所以彼此协调，是由于它们表现着共同的原因。这种实体的独立性或自发性，远远超过了人们的想象。因为我认为，即使依照运动的法则，一个物体也绝不会因受另一物体的撞击而被阻滞，除非是由于它自己

的弹力，这种弹力来自已存在于它自身之中的运动。而这就不可分的实体性本原而言更是绝对正确。严格地说，任何别的创造物都不能对这种实体性本原有什么作用或活动，虽然我们把活动归之于那样一些形体的本原，这些形体的禀赋更适合于用来说明理由。因此，那种“偶因系统”使上帝借另一实体的机缘而在一个实体之中产生运动（除非把这系统解释成像我们这样的），是根本不必要的；我认为只要有自发性那种假设就足以说明了，用不着总是叫一种神圣的力量，一个 Deus ex machina（“救急神”），以一种不可解释的奇迹般的方式介入其中。诚然，一切都是由上帝的德性连续不断地产生的；但当我们要来解释创造物的活动时，我们能一劳永逸地假定，每一实体都是最初就被造成为这样，以致后来由于它本身的法则或倾向而在它本身之中发生的一切，都以一种方式与在其他一切实体之中发生的一切完全协调，一切就好像两个实体相遇时，其中之一把某种东西传递给了另一实体一样，然而这却是既不需要，也没有办法这样的。我把这叫作“符合系统”（le syeteme de la correspondance）。我看不出有什么能阻止上帝不在开始就把实体创造成这样完善，这样独立于别的实体，然而又如我以上所说的那样和别的一切实体这样相协调，而绝不会发生一个冒犯另一个的情形。上帝在发出创造这个宇宙的命令之前，已完全认识了一切可能的东西，以及包含在每一可能的东西的完全概念之中的全部偶发事件的序列，因此他就选出了那些他预见到其存在最适合他的智慧的东西。因此，善来自上帝，而恶则由于创造物的原始的不圆满。心灵是完全自由的，实体只依赖上帝和它自己。正是根据这个道理，我们最后解决了灵魂与形体或有机质料的联合这个重大问题。形体完全不能传递什么东西给灵魂，灵魂也不能传递给形体，并且我们也再不用说上帝为它们这样做了。灵魂是最初就这样被造就的，使得凡是形体所能贡献出来的一切，都由于灵魂能表象的本性而在灵魂之中被表现了出来，这种能表象的本性是与灵魂的存在同时赋予的，并在一定时候自行产生出来。在时间的系列中，由于思想的连贯，也可以说由于有规律的而且如此真实的梦境（或毋宁说内在的现象），它们能被成功地预见；一切都独立于一个外界，它使它们在灵魂之中产生，而又与宇宙间的其他一切相符合，但特别是符合于形体的器官——这种形体是作为它在宇宙中的观点的东西，——而这就是它们的联系之所在。在这之外人们自命能有所说的一切，都是不必要的，并且我还敢说是不可能的，因为我相信我们在这里所说的已并不只是一个假说。

注 释

① 本篇载 G 本第 4 卷第 471—477 页，原在“新系统”正文之前，现移置其后，原文各节未标序数，序数为译者所加。文中有需注释者大都已在正文的相应处加注，不再另加。

傅歇的反驳①

——第戎教士傅歇先生对于实体的交通的新系统的反驳，见于1695年9月12日与该系统作者的一封信。

先生，虽然你的系统对于我并不是新的，并且十多年前(a)，我就已经部分地？对你表示过我关于这个问题的见解，但是在这里我还是要跟你谈谈我对它的想法。

第一部分只是想指出，在一切实体中，都有一些单元，构成了实体的实在性，并且通过把这些实体与别的实体区别开，用经院学派的说法，构成了实体的个体性；而这就是你最初对物质或广延这个问题所提出的观点。我和你一致，认为我们有理由要求有一种单元来造成广延的组合和实在性。因为如果没有这种单元，正如你非常正确地指出的那样，一种永远可分的广延只是一种怪诞的组合，它的本原是不存在的，因为没有单元，就没有真正的复多。然而我很奇怪人们竟然会懵然不知这个问题；因为广延的本质性本原是不会实际存在的(b)。实际上没有部分的点是不可能在这个宇宙中存在的，而且两个点加在一起也不会形成任何广延的。有长度而没有宽度，是不可能存在的，有表面而没有深度也是如此。而提出物理学的点也毫无用处，因为这种点是有广延的，而且包含着人们想避免的一切困难。但是我不想再多说这个问题了，这是你和我在1693年3月16日和同年8月3日的报刊上已经辩论过的。

另一方面你又提出了另一种单元，正确地说，这种单元是组合或关系的单元，而且着眼于一个"全"的完满或完成，这种"全"，因为是有机的，注定要适合于某些功能。例如，一个时钟是一个单元，一个动物也是一个单元；而你认为可以给动物和植物的自然单元以"实体的形式"这个名称，以致这些单元就造成它们的个体性，与别的一切组合物都有区别。我觉得你似乎有理由给动物一种个体性本原，而不是别人所习惯于给它们的别的本原，那种本原其实只是关于外在的偶性的。其实，不论在灵魂方面还是形体方面，这种本原都应该是内在的，但在动物的器官中可能有某种禀赋，这不足以使动物能够感觉；因为这一切毕竟都不过是有关有机的和机械的组合的考虑，而我看不出你因此就会有理由在禽兽中构成一种本质上与人不同的感觉本原(c)；归根到底，笛卡儿派认为，如果承认在动物中有一种能够区别好坏的感觉本原，就必然因此也得承认其中有推理、辨别及判断，这也不是没有道理的。因此，请容许我告诉你，先生，这还是一点也没有解决这个困难。

现在让我们来看一看你的"伴随"(concomitance)② 的说法，这是你的系统的第二部分，同时也是主要的部分。人们将会同意你的看法，认为上帝这位宇宙的伟大工匠能够把人的形体的有机部分安排得这样好，以致和这形体相关联的灵魂在生活过程中想要产生的一切运动，这个形体的有机部分都能够产生，而灵魂并不能改变这些运动，也不能以任何方式使它们受某种限制，并且相对

地，上帝也能够在灵魂之中造成这样一种结构（不论它是不是一架新品种的机器），由于这种结构，和这些运动相呼应的所有那些思想和情状，都能随着形体行使它的机能同时连续地产生出来，并且这是和下述的例子同样可能的，就像使两个时钟非常协调，并且走得非常一致，当甲钟打中午十二点时，乙钟也同样打十二点，以致使人想到这两个钟也许是受同一个摆或同一个发条所操纵的。③但问题毕竟是：实体中的这整个的伟大技巧，如果不是用来使人相信有些实体对别的一些实体有作用（尽管实际上并非如此），那会有什么用呢(d)？其实，我似乎觉得这个系统并不比笛卡儿派的系统好多少；而且，如果因为笛卡儿派的系统毫无用处地假定上帝在考虑到他自己在形体中所产生的运动的同时，也在灵魂中产生和这些运动相呼应的思想；好像他如果一下子产生出灵魂的思想与情状，而不要形体来做他的规范，来教他应该怎么做，似乎并不和他的尊严更相称些(e)；如果因为这样就有理由来抛弃他们的系统，那么人们是否也有理由问您：为什么上帝不满足于产生灵魂的一切思想与情状，随便你认为他是直接产生还是用一种技巧来产生，而不要那种心灵所既不能触动又不能认识的无用的形体呢？到此为止，在形体并没有这种运动时，灵魂总仍是想着有这种运动；正如睡着的人自以为在动四肢，在走动，而事实上他的四肢是静止的，根本没有动一样。同样，当夜间不寐时，灵魂总是自以为它的形体在随着它的意志而活动，而实际上这些徒然无用的物质却不曾动弹并继续处于麻木状态。其实，先生，人们不是看到这些意见是明显地有意造出来的吗？而事后制造出这一套系统岂不只是为了拯救若干事先想好的原则吗？实际上，笛卡儿派的人因为假定了心灵实体和有形实体之间毫无共同之处，所以不能解释两者之间怎么会彼此发生作用；因此，他们就被导致说了他们所说的那一套。而您，先生，本来在别的方面能够自己不和他们混在一起，但我很奇怪您为什么又使自己陷入他们的困难。因为有谁会不想到，一个两头平衡不动的天平，如果有人在一端加上一个新的重量，人们立刻就会看到运动，这一端就使另一端上升了，不管那一端怎样尽力想下降？您可以设想，物质的存在物是能够有所努力并能够运动的；因此可以很自然地推论，较大的努力应该压倒较弱的努力。另一方面，您也知道精神的东西也一样会作各种努力(f)，并因为任何一种努力都得假定有某种抵抗，所以这种抵抗必然或者是较强的，或者是较弱的；如果较强，它就压倒原来的努力，如果较弱，它就屈服了。而心灵作一种努力以推动形体，发现形体也有一种相反的努力或强或弱地抵抗它，这并不是不可能的，而这就足以使它受到这种力的作用了。圣奥古斯丁在他讲音乐的书中就是以这种方式来解释心灵对形体的作用的。

我知道，在那些我们可以进行辩论的问题从最初的原则起都获得解决以前，还有许多问题需要讨论，尤其是因为我们必须遵守学园派的法则，就更是如此，这些法则的第二条不允许把明知不能决定的东西——正如我们以上所涉及的几乎所有问题——作为讨论的问题；并不是这些问题绝对不能解决，而是因为它们只有在某种层次上才能解决，这要求哲学家们一开始就对真理的确定无误的标志取得一致意见，而且从最初的原则起就服从一步步的推理论证；并且在此期间总可以把那种清楚而充分地想到的和其他包含若干晦涩之点的题材分开。

以上就是我现在对于先生的系统所能讲的，其他有些很好的题材，你在其中也偶然提到，它们值得分别地特别加以讨论，这里就不谈了。

注 释

① 此篇载于G本第4卷第487—490页，译文标题为译者所加，原标题(即副题)为G本编者所加。E本也收入了此篇，标题为"傅歇先生关于莱布尼茨先生的实体交通系统给他的答复"，载E本第131—133页。

傅歇(Simon Foucher，1644—1696)是法国第戎的一位教士，他在哲学上持怀疑论立场，曾试图复兴后期学园派(新柏拉图派)的哲学。从1676年至1695年间，莱布尼茨常和他通信，先是讨论知识论上的问题，后来大多讨论物理学上的问题。傅歇死得相当早，这多少和他工作过度有关。1697年莱布尼茨在给尼盖斯(Nicaise)的信中曾说："我对于傅歇先生逝世深为惋惜。他的好奇心限制在并趋向于若干枯燥的题材，甚至对于这些他也没有用它们所要求的细密方法来处理。也许他的目的只是想复兴学园派，正如伽森狄先生想复兴伊壁鸠鲁派一样。但他实在不应该把自己限于这些一般的东西。柏拉图、西塞罗、塞克斯都·恩比里柯等人可能使他确实跨进了一大步。而借助怀疑，他也可能建立起优良而有用的真理。我擅自认为他是这样；不过他也许还有些别的观点，我并不十分了解。他是很精明细密的，并且是德行高尚的人，因此我对他表示非常惋惜。"(G本ii. 565)对于傅歇的反驳，莱布尼茨先加了"按语"，然后写了"说明"来答复，以下将依次译出。

② "concomitance"的通常意义为"伴随"，或"同时发生"，实即指莱布尼茨所提出的"前定和谐"。

③ 这个比喻格林克斯已先用过。他在所著的《伦理学》的一条注中说："我的意志当然并不推动那动力，以使它推动我的四肢；而是'他'[上帝]给物质以运动并为它立下法则，也就是'他'形成我的意志。因此'他'把这两种最特殊的东西(物质的运动和我的意志的选择)联结在一起，以致当我的意志有所愿望时，它所愿望的这种运动就发生了，而另一方面当运动发生时，意志也

就愿望着它，而并没有其中之一对于另一个的因果关系或影响；正如有两个钟，一起都按照太阳每天运行的历程而调节好，当一个钟打点并告诉我们钟点时，另一个也同样打点，同样告诉我们钟点，而这种情形并没有任何因果关系，以使一个钟在另一个钟上产生这种结果，而只是由于它们是由同一种技巧、同一种工艺造成这样一种联系而已。”(Ethica, Tract. I. cap. 2, §2, note 19.)《伦理学》第一版没有这个注，因此傅歇可能并不知道格林克斯的这个比喻，而是自己想出来的。莱布尼茨也并不知道格林克斯用过这个比喻。这个比喻在莱布尼茨给傅歇的直接答复，说明(一)中略去了，但在说明(二)和说明(三)中则是主要根据这个比喻加以发挥的。

莱布尼茨在傅歇的反驳上的按语[①]

(a)［十多年以前］ 这是指在这个新系统发表以前，我们曾恪守贺拉斯(Horace)的规条：nonumque prematur in annum。[②]

(b)［我们有理由要求有一种单元来造成广延的组合和实在性……一种永远可分的单元，只是一种怪诞的组合，它的本原是不存在的……广延的本质性本原是不会实际存在的。］ 似乎反对者没有很好地了解我的意思。广延或空间，以及可以在这方面设想的面、线及点，不论对实际存在的东西而言，还是对可以代替那实际存在的可能的东西而言，都只是一种秩序的关系，或同时并存的东西的秩序。因此，它们并没有组合的本原，也没有"数"。而且正如一个分数，例如二分之一，可以再分为两个四分之一或四个八分之一等等，以至于无穷，而不能得到一个最小的分数，也不能把这个数设想为由一些最后的元素合成的一个"全体"，同样，一根线也可以像这个数一样分割。据此也可以正确地说，二分之一这个数，抽象地看，只是一个极单纯的关系，绝不是由其他分数组合而成的，虽然在用数来计算的事物中，两个四分之一和一半是相等的。而我们对于抽象的线也同样可以这样说，只有在具体的东西之中，或者在由这些抽象的线来表明其中关系的质料团块之中，才有组合。数学的点正是在这种意义上有其地位，它们毕竟只是一种"样式”，就是说，只是一些末端。因为在抽象的线中，一切都是不定的，我们看到其中的一切都是可能的，正如在一个数的分数中一样，并不用费心来作实际的分割，这种分割以不同的方式来指示这些点。但在实际有实体性质的东西中，全体是诸多单纯实体或诸多实在的单元的总和或结果。而把一切都搅混，造出“连续的组合”这一堆乱麻来的，是由于把理想的与实际的混淆起来了。凡是用点来组成线的人，都是以不当用的方式从“理想的”③东西或关系之中去寻找最初的元素；而凡是以为数或空间（空间包含可能的、同时并存的事物的关系或秩序）等关系只能由点的集合而组成的人，其主要错误在于否认实体性的实在物的最初元素，似乎这些实在物没有原始的单元，或者说好像没有单纯的实体似的。然而数和线虽然并没有那样的组合，却也不是怪诞的东西，因为正是这些关系包含着永恒的真理，而自然现象的规范就是基于这种真理的。照这样我们可以说，一个二分之一和一个四分之一，抽象地看，是彼此独立的，或者毋宁说$\frac{1}{2}$这个全关系是先于（用经院学派的说法，就比率的符号而言）$\frac{1}{4}$这个分关系的，因为我们是考虑到理想的秩序对一半再分而后得到四分之一的；就线而言也是一样，全先于分，因为分只是可能的，并且是“理想的”。但就只有实际分割的实在的东西而言，全只是一个结果或总和，就像一个羊群一样；诚然，进入一堆质量之中的单纯实体，不管这种质量如何小，实体的数目都是无限的，因为除了使动物成为真正的单元的灵魂之外，（譬如说）羊的形体实际上可再分，这就是说，一只羊也还是许多看不见的动物和植物的总和，而这种动物和植物，除了那同样使它们成为真正的单元的东西之外，也是别的许多东西组合成的；虽

然可以这样以至无穷，但到了最后显然一切都要归到这些单元，其余的或那些结果，只是有良好根据的现象。④

(c)［我看不出你因此就会有理由在禽兽之中构成一种本质上与人不同的感觉本原］ 我之所以这样做，是因为我们看不出禽兽也能进行反省思考，这种思考构成理性，并通过给予关于必然真理或科学的知识，以使灵魂能够具有人格。禽兽由于有“知觉”也能辨别好坏，但它们并不能辨别道德上的善恶，要能这样，得假定有理性及良知。

(d)［实体中的这整个伟大技巧，如果不是用来使人相信有些实体对别的一些实体有作用（尽管实际上并非如此），那会有什么用呢？］ 这种使每一实体和一切其他实体相呼应的伟大技巧，其所以是必要的，是因为所有这些实体都是一个最高智慧所产生的结果；而且（至少在自然的秩序及没有奇迹的范围之内）是不可能通过其他方式获得它们之间的相互依赖关系，使其中有一些实体受其他实体的影响，或者随其他实体的变化而变化的。然而，说有一些实体对其他实体发生作用，只要正确地加以理解，也还是真的；受造的实体之间的作用，仅仅在于上帝在原始的构造过程中给它们赋予了那种一些实体对其他实体的彼此依赖关系。但如果我们自以为有一些实体影响其他一些实体，则是由于我们不善于推理的缺点所导致的错误。上帝并非不得不造成一个我们在其中必定不会犯任何错误的系统；正如他并非不得不避免那种地动说的系统，以保证我们不犯那种哥白尼以前几乎所有天文学家都犯的错误。

(e)［如果上帝一下子产生出灵魂的思想与情状，而不要那形

体来做他的规范，来教他应该怎么做，这和他的尊严更相称些］上帝还一下子产生了一个依次产生思想的自然本性，而并不是一下子产生了所有的思想（因为思想是应该彼此相随产生的）。而我正想要这样：形体只是对此作出呼应。但形体是必要的，这不只是为了要产生单元与灵魂，也是为了产生其他有形实体，如动物、植物，这些都是在我们的形体以及我们周围的形体之中的。

(f)［物质的存在物是能够有所努力并能够运动的……精神的东西也一样会作各种努力］ 人们可能想由此推论出它们彼此之间能相互作用。但是，它们的努力是在它们自身之中，而不是从一些东西到另一些东西，因为这只是一种对依照每一分离独立的实体的法则而变化的倾向。

注 释

① 本篇载于G本第4卷第490—493页。

② 拉丁文，字面的意思是“展缓到第九年”。意即对一个问题须经过多年的深思熟虑，然后再公之于世。

③ ideal，意即人心中所想的东西，不是“高尚理想”之类的意思。

④ 参见“新系统”注㊅。

新系统说明(一)[①]

——关于实体交通的新系统的说明,用以答复1695年9月12日《学者杂志》上对此所提出的意见[②](1696)

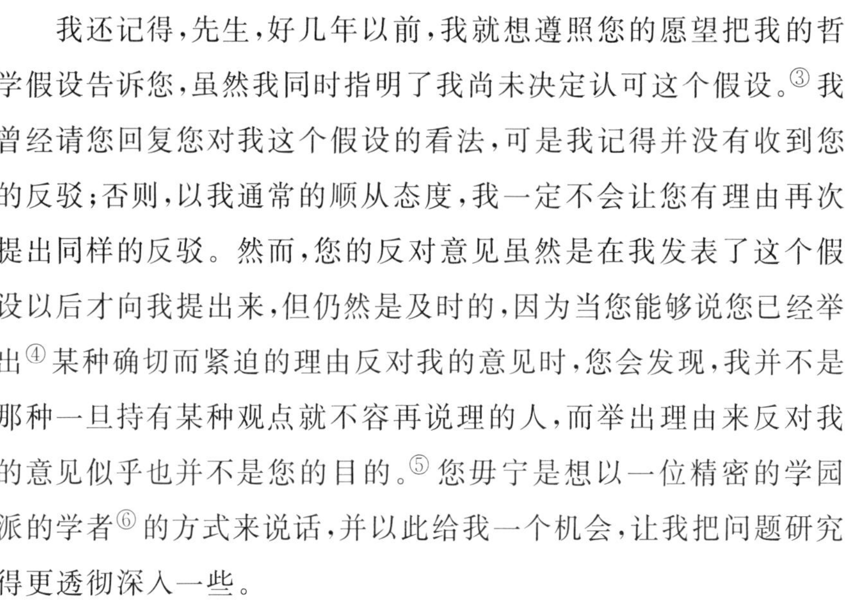

我还记得,先生,好几年以前,我就想遵照您的愿望把我的哲学假设告诉您,虽然我同时指明了我尚未决定认可这个假设。[③]我曾经请您回复您对我这个假设的看法,可是我记得并没有收到您的反驳;否则,以我通常的顺从态度,我一定不会让您有理由再次提出同样的反驳。然而,您的反对意见虽然是在我发表了这个假设以后才向我提出来,但仍然是及时的,因为当您能够说您已经举出[④]某种确切而紧迫的理由反对我的意见时,您会发现,我并不是那种一旦持有某种观点就不容再说理的人,而举出理由来反对我的意见似乎也并不是您的目的。[⑤]您毋宁是想以一位精密的学园派的学者[⑥]的方式来说话,并以此给我一个机会,让我把问题研究得更透彻深入一些。

1.[⑦]我并不想在这里提出广延的本原,而只是想提出实际有广延的,或有形体的质量的本原,而这些本原在我看来是实在的单元,也就是说,是赋有真正统一性的实体。

2. 您所提到的一个时钟的单元(统一性),在我看来和一个动物的单元(统一性)完全是另一回事。动物可能是赋有真正统一性的实体,即赋有我们人之所以能称为“自我”的东西;而一个时钟却只不过是一个集合体。

3. 我并不是把动物的感觉本原放在器官的禀赋之中;而且我也同意这种禀赋只与形体的质料有关。

4. 我指出这些问题是为了避免误解,为了指明您在这方面所说的和我所提出的并不矛盾[8]。我要求有一种真正的单元,而且这使我重新恢复“实体的形式”,对此您似乎并不认为我是谬妄的。但您似乎说,如果我们给禽兽的灵魂以感觉,那它也应该有理性,我完全看不出这个推论有什么证明。[9]

5. 您以一种值得称许的诚意承认我所提出的“和谐”或“伴随”的假设是可能的。但是,您仍然不免对它有点厌恶,这无疑是因为您认为它纯粹是武断的,因为您没有看出它是根据我关于单元的见解提出的;因为这一切都有关联。

6. 因此您就问,我给自然的“创造者”这整个技巧能有什么用处,似乎我们归于他的太多了,又似乎在诸实体之间有一种依照每一实体最初接受的固有法则的精确呼应,并不是一个本身很值得赞美并配得上它的创造者的光荣的东西。您还问我,我在这里能找到什么好处。

7. 我本来可以引证我对这方面所说过的话。然而我首先要回答,一件事物既然是不得不存在的[10],就没有必要在承认它之前问它会有什么用处。“边与对角线不可通约”,请问这又有什么用处?

8. 我的第二个回答是:这种呼应是用来解释诸实体之间的交

通，以及灵魂与形体的联系的，其解释方法是用一种事先建立的自然法则，而不是求助于一种不可想象的意象转移⑪，也不去重新求助于上帝，这看来是不适当的。因为要知道，正如在物质之中有自然法则一样，在灵魂或形式之中也有自然法则，而这些法则就是我以上所提出的。

9. 您又问我⑫，为什么上帝就不是满足于产生灵魂的一切思想与情状，而不要这些(据您说)灵魂既不能推动又不能认知的无用的形体呢？回答这个问题很容易。这是因为上帝愿意实体多多益善，而且他觉得这种情状和某种外在的东西相呼应是很好的。

10. 决没有无用的实体；所有的实体都被造成为彼此协作⑬，以完成上帝的计划。

11. 我也不承认灵魂完全不能认知形体，虽然这种认知并不表示它们彼此间有任何影响。

12. 我甚至也不回避⑭说灵魂推动形体，正如哥白尼的信徒也可以正确地说太阳上升，柏拉图主义者也可以说物质的实在性，笛卡儿主义者也可以说可感觉性质的实在性⑮，只要给予正确全面的理解就行了，同样我认为说有一些实体对另外一些实体发生作用也很对，只要人们了解，其中一个实体是由于和谐法则而成为另一实体变化的原因。

13. 反对意见中涉及形体的麻木状态，说当灵魂以为形体在动时，形体可能并没有动，这种情形正是由于有神圣智慧所建立的这种万无一失的相互呼应而不会存在。

14. 我不知道有您所说的那种徒然无用并且不活动的物质团块。到处都有活动；而我其实比已普遍接受的哲学更确立了这一点,因为我认为没有一种形体没有运动,也没有一种实体没有努力。[16]

15. 我不了解在以下所引的话中所提出的反对之点究竟何在:“其实,先生,人们不是看到这些意见是明显地有意造出来的吗? 而事后制造出这一套系统,岂不只是为了拯救若干事先想好的原则吗?”一切假设都是明显地有意造出来的,而一切系统都是事后想来拯救现象的;但我看不出什么是您所说的我事先想好并想要拯救的原则。

16. 如果这话的意思是说,我也是被先天的理由或某些原则引到我的假设,正如事实上也确是如此,这就毋宁说是对这个假设的一种称许,而不是一种反对意见。通常一个假设只要有后天的证明就够了,因为它能够满足现象;但如果我们还有别的先天的理由,这只会更好。

17. 但这话的意思也许是表示,我自己生造出一种新的意见后就很乐意应用它,为的是自炫新奇,而并不是因为我见到了它的用处。我不知道先生对我是否有如此坏的看法,竟然把这种思想归属于我。因为您知道我是热爱真理的;而且如果我这样喜欢矫饰新奇的话,我完全可以更仓促地生造一些出来,尤其是其中已被认为是坚实可靠的更可以如此了。但为了使那些对我不太了解的人不要认为您的话有我们不愿有的意义,[17]我只想说,在我看来不可能更有别的方法来解释符合自然法则的“流溢作用”(l’action émanente),[18]以及我认为,从我们这个时代最精明的哲学家们在心灵与形体的交通甚至有形实体彼此间的交通之中所发现的困难来看,可以认识到我的这个假设的用处,这就够了;而我不知道您自己是否就没有发现这些困难。

18. 诚然，照我的说法，一切实体中都有一种力；但这种力，正确地说，是只在实体本身之中的；而在别的实体中随这种力而发生的，如果我可以用这样一个名词的话，这只是由于一种前定和谐[19]，而并不是有实在的影响或意象的转移。因为我已经解释过主动和被动是怎么一回事，对于力和抵抗也可以作同样的推论。

19. 您说，您知道在我们能够解决我们以上所辩论的那些问题以前，还有许多问题要讨论。但也许您会发现我其实已经讨论过它们了；而且我不知道您的那些学园派哲学家是否比我更严格更有效地把他们的方法中好的部分付诸实施了[20]。我非常赞成要从最初的原则开始证明真理，这的确远比人们所想象的更有用，而且我常常[21]实行这个规条。因此我非常赞同您关于这方面所说的话，同时我希望您的榜样能够使我们的哲学家们对它们有一个应有的恰当想法。

20. 我还要补充一点我的想法，这对了解我的这个系统的真实性和用处似乎颇有帮助。您知道，笛卡儿先生曾认为形体中运动的量是守恒的。人们已指出了这一点是错误的；而我要指明，运动的力确实是守恒的，而他则认为运动的量是如此。但形体中随灵魂的情状变化而产生的变化，使笛卡儿先生大为困惑，因为这种变化似乎违反了这条法则。因此他自以为找到了一个很巧妙的法门，说我们应该把运动和方向加以区别；而且说灵魂既不能增加也不能减少运动的力，但能改变运动的方向或精气运行的路线，而且随意的运动也就是这样发生的[22]。诚然他并不想解释灵魂怎样使形体运动的路线改变，而这其实和说灵魂给形体以运动是同样行不通的,除非和我一样求助于"前定和谐";但要知道有另外一条自然法则是我所发现并加以证明而为笛卡儿先生所不知的,这就是:不仅运动的力守恒,而且从世界中任何一面㉓所取的方向的量也守恒。这就是说,随意取任何一条直线,又随意取任何数目的形体;你会发现,把这些形体放在一起看,不要遗漏任何一个对你所取的任一形体有作用的形体,就在和你所取的直线平行的一切直线上永远会有来自同一方向的同样进度的量。只是要留意,要拿这种进度的总和来估计,而除去和在你所取的方向上运动的形体反向运动的形体的进度㉔。这个法则和另一条法则同样完美,同样普遍,也同样不应该违反,而在我的系统中就正是如此㉕。我的这个系统保持了力与方向,简单地说,就是保持了形体的一切自然法则,尽管在形体中还有由于灵魂的变化而引起的变化。

注　释

① 本篇载于G本第4卷第493—498页,E本第131页以下。本篇及说明(二)、(三)均仍照G本译出,与E本略有出入。E本照发表时的原样收入,G本则是经过修订的。

② 即本书以上所载"傅歇的反驳"。全文也须对照该篇阅读,不一一详注。

③ "认可"原文为avouer,拉塔译作to make it known,即"使它为人所知",莫里斯(Mary Morris)的译本("人人丛书"本《莱布尼茨哲学作品集》)则译作to acknowledge it,似更合原意。

④ E本为"当您能够举出……"。

⑤ E本为"您在这个机会(en cette occasion)的目的"。

⑥ 傅歇曾致力于复兴学园派,参见"傅歇的反驳"注①。

⑦ G本以下各段均标数字，而E本则无，而且分段也有所不同。

⑧ E本无此句。

⑨ E本为“有什么力量”。

⑩ 参见“附注”(d)。

⑪ 参见“新系统”注㉙。

⑫ E本为“您又将问我”。

⑬ E本为“彼此协作”，而不是“被造成为彼此协作”。

⑭ E本为 ferai difficulté(“认为困难”或“反对”)，G本为 fuiray(回避)。

⑮ 这是就我们的感官所知觉到的形体的性质而言的。按照笛卡儿的说法，作为感觉，作为意识中的事实，是实在的；但作为形体的性质，它们是混淆的，因此是不实在的。

⑯ 这是指不一定能为人所观察得到的力，但包含着一种“趋势”或“潜力”。

⑰ E本为“与我的意旨相反的意义”。

⑱ 这是指由一个实体表面上看来似乎向外过渡到别的实体而在别的实体中产生结果的一种作用或活动。这和一个实体对别的实体的所谓“影响”是一回事。所谓“影响”原来也是一个东西传递了某种东西给另一个东西的意思。参见《论自然本性》第10节，在那里莱布尼茨也用了“创造物的向外流射作用”(transeuntes creaturarum actiones)一词。

⑲ Harmonie préétablie，这里是莱布尼茨第一次使用这个术语。

⑳ 见“傅歇的反驳”倒数第二段，并参见注①。

㉑ E本无“常常”(souvent)。

㉒ 参阅《神正论》第60节。笛卡儿“自信找到了一条自然法则，按照这条法则，运动在形体中保存着同样的量。他认为灵魂的影响不可能破坏形体的这一条法则，但灵魂有改变形体中运动的方向的能力；这有点像一个骑马的人，虽然他并不给他所骑的马一种力，却能驾驭它让它的力趋向于他认为适当的方向。但因为这是用了辔头、马勒、马刺及别的物质的东西的帮助，我们就能设想它是如何可能的；然而，灵魂并没有任何工具用以达到这种目的，因此不论在灵魂中还是在形体中，即不论在思想中还是在物质团块中，都没有任何东西可用来解释这种其一对于其他的改变。”

㉓ E 本为 vers quelque côté(向……任何一面),而不是 de quelque côté。

㉔ 每一堆形体或形体所构成的每一系统,都有一个总的绝对的力,即属于这个作为完全独立的整个系统的全部的力。这里所谓全部的力,是假定没有别的总的力与之相关以使之增减来计算的。宇宙的全部物质就是这样一个系统,因此它的绝对的力守恒。参见《自然与神恩的原则》第 11 节,及《给贝奴伊的信》(1696)(E. 108 note)。所谓"进度的量"现在也许叫作"运动量的投射"(projection de la quantité du mouvement)。

㉕ E 本为"我的系统正避免了这一点"(指违反了上述法则)。

新系统说明(二)[①]

——后加语。汉诺威,1696年1月3/13日

由于您的反映,我很清楚地知道,一位朋友[②]替我在巴黎的杂志[③]上发表的那个思想还需要说明。您说,您不知道我怎么能够证明我所提出的关于像灵魂和形体那样不同的两种实体的交通或和谐的那种学说。诚然我自认为我已经给出了[④]证明的方法,但我希望[⑤]以下的说明能使您满意。

请设想有两个钟或表走得完全一致[⑥]。有三种方式可以做到这一点。第一种方式是自然的影响。这就是惠更斯[⑦]曾经做过实验而使他大为惊奇的。他把两个钟摆挂在同一块木头上;钟摆的连续不断的摆动把类似的振动传给了木头的微粒。可是,除非两个钟摆互相一致,这些振动是不能完全保持它们原有的常态的,总不免互相干扰,然而发生了一种很奇怪的现象:即使有意把这种摆动搅乱,这两个钟摆也立刻恢复一同摆动,简直像两根和弦一样。使两个哪怕很坏的钟走得一致的第二种方式,就是用一个熟练工人老看着它们,随时随刻把它们拨得一致。第三种方式就是一起头就把这两个钟摆做得十分精巧,十分精确,可以保证它们以后摆得一致。[⑧]

现在用灵魂和形体来代替这两个表;它们的一致或交感

(sympathie)⑨也会以这三种方式之一发生。相互影响的办法是流俗哲学的办法;可是我们无法设想[无论物质的微粒或]⑩非物质的意象或性质,怎样能够从这两种实体的一种过渡到另一种,所以我们不得不放弃这种见解。协助的办法⑪是"偶因系统"的办法。我认为这是在一种自然的通常的事情上请来 Deus ex machina("救急神"),在这种事情上,上帝的介入⑫按理只该采取他维持一切其他自然事物的那种方式。因此只剩下我那个假设,也即是"前定和谐"⑬的办法。这种和谐是由[上帝的一种预先谋划]⑭制定的,上帝一起头就造成每一实体⑮,使它只遵照它那种与它的存在一同获得的自身固有法则,却又与其他实体相一致,就好像有一种相互的影响,或者上帝除了一般的维持之外还时时插手其间似的。既已这样,我不信还再需要⑯什么证明,除非要我证明上帝确实这样精妙,能够运用这种事先未雨绸缪的技巧,而这种技巧,在人之中,照其为人精巧的程度⑰,我们也照样能看得见它的样品的。而假定了他能够这样,我们就完全能看得出,这是最美的方式,并且是与他的尊严最相称的。您曾经[有点疑惑]⑱我的解释似乎和我们关于心灵和形体的不同的观念相反,现在您应当可以看到,没有人能比我更好地建立起它们的独立性了。因为当不得不用一种奇迹的方式来解释它们的交通时,总会让许多人担心它们⑲之间的区别不是像人所相信的那样⑳,因为要持那种看法,就必须走得那样远。㉑现在所有这些考虑都可以停止了。我的动力学著作和这有关,在那里面我曾需要加深有形实体的观念,我把这种有形实体的观念,与其说放在广延上,不如说放在作用与抵抗的力上,广延只是一种在先的东西——就是这种力——的重复或扩

散(répétition ou diffusion)。而因为这些使有些人看起来觉得很矛盾怪诞的思想,使我得与若干著名人士通信,我就得以有一种“信札往返”来讨论这些问题,其中包括我和阿尔诺先生的通信,这在我前一封信上已提到过了。这中间恐怕有一种哲学思想和数学思想的奇怪的混合,这有时也许有些新颖的风致。以上所作的解释,是否适宜于以贵刊作媒介来探测开明人士的意见,请明断。不过,发表时请勿署我的姓名,因为我在巴黎杂志[22]上也没有署名。

注 释

① 此篇在E本(第133页)中名为“关于实体交通的新系统的第二篇说明”,而在G本(第4卷第498—500页)中紧接说明(一)之后,并注明为1696年1月3/13日自汉诺威寄给巴纳日·德·波瓦尔(Basnage de Beauval)的一封信的“后加语”。两本在分段上有出入,本译文悉照G本。

② E本为“我的朋友之一”。

③ 应当是指巴黎出版的《学者杂志》。

④ E本为“找到了”。

⑤ E本为“自认为”。

⑥ 参看“傅歇的反驳”注③。这一比喻由于沃尔夫(Wolff)等人的重视,一般哲学史家都认为是莱布尼茨自己对他的系统的最好比喻,因此几乎成了哲学史上有名的典故了。但是,这一比喻实际上是很容易引起人们的误解的。我们知道,这个比喻并不是莱布尼茨本人首先提出来的,而是他循着傅歇在其“反驳”中用的这个例子来说的。他只是用来在这种特殊的地方解决一个特殊问题,这就是接着经院派及笛卡儿派的思想线索而为之调和以求解决身心关系问题。实际上照莱布尼茨的说法,身体或“形体”只是一种堆积,并不是一个“单元”或统一体,它的统一的“本原”就是“灵魂”,而灵魂本身则是不可分的“单元”。因此,形体是“多”而灵魂是“一”,两者不是可以分庭抗礼而形成一与一的对比的,所以用两个一样的钟来比喻灵魂与形体显然并不

妥当。莱布尼茨自己的问题是要求宇宙的全部实体间彼此协调和联系,灵魂和形体间的联系只是这个总问题中的一种不完全的混淆的形式。因为经院派和笛卡儿派都注意到身心联系的问题,莱布尼茨正是用两个钟这个比喻来特别对付这个不完全的混淆的问题。至于解释莱布尼茨自己的那个所有单子间的"前定和谐"的系统,他在给阿尔诺的一封信中(1667)用了一个乐队的音乐合奏的例子,乐队中每个人都照着自己独有的乐谱,奏着不同的乐器,但形成一个和谐的合奏或交响曲。这个例子要比两个钟的比喻好得多。但是还要注意,比喻毕竟是比喻,不能认为实际上就是那样。因为照莱布尼茨的说法,这种关系是"形而上学的关系",是只能用理智去理解,而不能用感觉或"想象力"去处理的,而以实际事物来作比喻的一切,都难免要求感觉或想象力的帮助。参见说明(四)第九段。

⑦ Christian Hugens (1629—1695),数学家、物理学家兼天文学家,生于荷兰,大部分时间在荷兰和法国。1672 年莱布尼茨去巴黎,与他相遇。因预见"南德敕令"将废止,惠更斯于 1681 年离巴黎返回荷兰,但仍然继续与莱布尼茨通信讨论数学问题。1673 年惠更斯发表了他的著作《钟摆论》,详细叙述了他在 1656 年关于钟摆的一大发现。

⑧ 本段在 E 本中远为简略,自"第一种"以下仅为"第一种是在于一种相互的影响;第二种是给它一个精巧的工匠来守着,时刻调节拨正它们;第三种是很精巧地把这两个钟造得非常准确,以至于我们能确保它们以后永远会一致"。

⑨ E 本无"或交感"。

⑩ E 本无方括弧内的词句。

⑪ E 本为"那种创造者连续不断地帮助的方法"。

⑫ E 本为 concourir("协作"),G 本为 entrevenir。

⑬ E 本无"前定"。

⑭ 括弧内的字句在 E 本中仅为"上帝"。

⑮ E 本以下有"有这样的本性"。

⑯ E 本为"不需要"。

⑰ E 本无方括弧内的字句。

⑱ E 本为"疑惑"(avés soupçonné),G 本为 vous avés eu quelque

soubçon。

⑲ E本为“灵魂与形体”。

⑳ E本为“所想的那样实在”。

㉑ E本自此以下仅加一句:“我将乐于[不至于不快]探测开明人士对我以上向您解释的思想的意见”,全文到此结束。

㉒ 见注③。

新系统说明(三)[①]

——M. D. L.[②]的一封信的节录,讨论他的哲学的假设,及他的一位朋友向数学家们提出的一个奇怪问题,以及对前几期杂志上登载的"物理学原理"的作者[③]及其反驳者之间的一些争论之点的说明[④](1696)

一些博学而明辨的朋友看了我关于灵魂与形体的联系那个重大问题的新假设并见到了它的后果之后,要求我对人们由于对它缺乏清楚的理解而提出的一些难题作一些说明。我曾经认为可以用以下比喻使所有人都能理解这个假设。

请设想有两个钟或两个表走得完全一致。有三种方式可以做到这一点。第一种方式是这两个钟相互影响;第二种方式是有一个人小心地看守它们;第三种方式是它们本来都准确。第一种方式,即相互影响,曾经由已故的惠更斯先生做过实验,使他大为惊奇。他把两个大钟的摆固定在一块木头上,这两个钟摆的连续不断的摆动把类似的振动传给了木头的微粒;可是,除非两个钟摆互相一致,这些不同的振动是不能完全保持它们原有的常态的,总不免互相干扰,然而发生了一种奇怪的现象:即使有意把这种摆动搅乱,这两个钟摆也立刻恢复一同摆动,简直像两根和弦一样。

第二种使两个哪怕很坏的钟永远走得一致的方式，可以是用一个熟练工人老看着它们，随时随刻把它们拨得一致。这就是我称为协助的那种办法。

第三种方式就是一起头就把这两个钟摆做得十分精巧，十分精确，可以保证它们以后摆得一致；这就是前定契合的办法。

现在用灵魂和形体来代替这两个钟。它们的一致或交感也会以这三种方式之一发生的。相互影响的办法是流俗哲学的办法；可是我们无法设想，物质性的微粒，以及非物质的意象或性质怎样能够从这两种实体中的一种过渡到另一种，所以我们不得不放弃这种见解。协助的办法是偶因系统的办法；可是我认为这是在一件自然的通常的事情上请来 Deus ex machina（“救急神”），在这种事情上，上帝的介入按理只该采取维持一切其他自然事物的那种方式。因此只剩下我的那个假设，即前定和谐的办法。这种和谐是由上帝的一种预先谋划制定的，上帝一起头就以十分完美、十分规整的方式，以十足的精确性造成了这些实体中的每一个，因此它只遵守自己固有的那些与它的存在一同获得的法则，却又与别的实体相一致，就好像有一种相互的影响，或者上帝除了一般的维持之外还时时插手于其间似的。

既已这样，我不信还再需要什么证明⑤，除非要我证明上帝确实具备一切必要的条件，而能够运用这种预先谋划的技巧，这种技巧，在人之中，按照其为人的精巧程度，我们也照样能看得见其样品的。而假定了他能够这样，我们就完全能看得出，这是最美的方式，而且是与他的尊严最相配的。诚然，我还有别的一些证明，但那些证明更为深奥，这里并不需要引证它们。

我借此机会告诉阁下,我的朋友中有一位卓越的数学家[⑥],用我们新的微分法曾解决了下列问题:已知两点,求一重物在尽可能短的时间内从一点到达另一点的线。因为要知道,这条线并不是直线,并且这个重物也并不是要从最短的距离从一点到另外一点的,只有唯一一个例外情况,这就是这两点是在同一垂直线上,也就是一点在另一点的正上方。而我曾指出,设若取毕达哥拉斯的直角三角形,其三边之比,垂线或勾 AB 为 3,底边或股 BC 为 4,斜边或弦 AC 为 5,则一重物自 A 至 C 在下列两种情况下为同时到达:或者自 A 循弦直接到达 C,或者自 A 经 ABC 这一折线,先自勾下降,继续急剧由股而达到 C,只要 B 角稍稍有一点弧度,以使下降的小球自勾过渡到股时不发生阻碍为度。

发现这个问题的格罗宁根(Groningue)的教授让·贝奴伊先生(Mons. Jean Bernoulli)[⑦]认为,完全可以把这个问题提出来介绍给数学家们,尤其是那些所用的方法和我们不同的人;他将等待他们的解决,直到第二年的复活节以后。如果有人发现了解决的方法,就请他在期满之前暂勿发表,以便别人还有时间来实施解决。可是他可以把答案寄放在第三者那里,并给一个通告。我发现这个问题非常美,因此不管冗杂分心,我仍致力于求解;而由于这个问题的提出者和我用不同的方法,事先没有任何联系,得到了同一条线,这就足以表明我们距真相不远[⑧]。

让我对两位很高明的人士——即最近发表“物理学原理”的作者和在 8 月 13 日的杂志上及别处发表“反驳”的作者[⑨]——之间的争辩说一句话。因为我的假设可以用以结束这些纷争;我不了解物质怎么能被设想成有广延而又没有实际的或可设想的部分;

如果这样，我就不知道有广延的又是什么[10]。我甚至相信物质

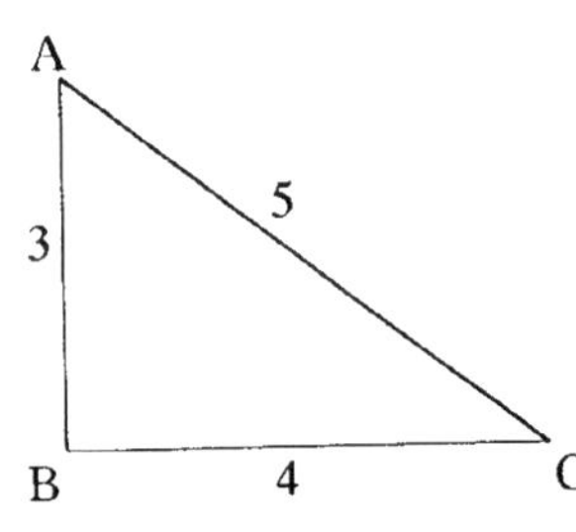

主要是一种堆集，因此它永远是有实际的部分的。因此，是由于理性，而不是由于感官，我们判断物质是可被分割的，或毋宁说它原本不是别的，而只是一种复多。我相信，物质（甚至物质的每一部分）的确都可被分成比可能想象的数目还要多的部分。因此我常说，每一形体，不管如何微小，都是一个包含无数创造物的世界。因此，我不相信有原子，也就是不相信有那种完全硬的、或有牢不可破的坚固性的物质的部分；正如另一方面我也不相信有一种完全可以流动的物质[11]，我的见解是，每一个形体比起更坚硬的来都是可流动的，比起更可流动的来都是坚硬的。我对人们还在笛卡儿派的意义上说有相等的运动量守恒感到很惊奇，因为我已经证明了相反的方面，而且卓越的数学家们已经接受了我的看法。然而我并不把形体的坚硬或强固看作原始的性质，而看作是运动的后果；而且希望我的"动力学"能使人们看出其道理何在；正如对我的假设的理解可以用来排除若干迄今还在使哲学家们烦扰的困难一样。其实，我相信对于已故的柏尼埃先生(Mons. Bernier)[12]在整个一本书中所提出的怀疑都可以有一个可理解的满意答复，而一切愿对我以前所提出的思想加以深思的人，也许已经在其中找到解答的方法了。

注　释

① 本篇载G本第4卷第500—503页,其正题为本译文的副题。E本载第134—136页,标明为“新系统的第三篇说明”,正题只有本译文副题的前半部分。本译文悉照G本。

② 莱布尼茨所用的假名。

③ 哈索科。见“新系统”注㊲。其“物理学原理”1696年4月发表于巴黎。

④ 莱布尼茨在原稿上注明:“给学者杂志的编者”。

⑤ 应当注意莱布尼茨的这个类比的论证是基于一个前提,即形体与灵魂或灵魂与灵魂实际上是彼此分离独立的。如果不承认这一点,他的“证明”就站不住脚了:这“三种方式”并没有穷尽一切可能的假设。莱布尼茨似乎对自己着重于(由他的假设)使灵魂与形体彼此分离独立很得意。见说明(二)第3段。

⑥ 让·贝努伊(Jean Bernoulli, 1667—1748),瑞士数学家,他曾发明指数的计算,及有理分数的积分法等。他很器重莱布尼茨而盲目地鄙视牛顿。

⑦ 见注⑥。

⑧ 以上两段纯粹讨论数学问题,与“新系统”无直接关系。拉塔及莫里斯的译本都将这两段略去了。今为求其完备,也一并译出。

⑨ 指傅歇。

⑩ 这也许是指傅歇的观点,他否认物质的本质是广延,而主张我们的一切意象或观点(包含对外物的观念)都只是我们自己的一种“情状”(modifications),而要表象一个对象,观念必须与对象相像。见傅歇的《莱布尼茨未发表的书信和短篇作品》的“引论”(Foucher de Careil, Lettres et Opuscules inédits de Leibniz, Introduction)。

⑪ 哈索科的学说是以为事物的最后元素是完全坚硬的原子在一完全的流体中,原子合而成可触的物体,而“流体”则传导光等等。

⑫ François Bernier,死于1688年,是有名的旅行家。他作为旅行家比作为哲学家的名望要大得多。他的主要哲学著作为《伽森狄哲学节录》,作为其补充的还有《柏尼埃先生对其伽森狄哲学节录中若干主要篇章的怀疑》。莱布尼茨所指的也许就是这后一本书。

新系统说明(四)[1]

——对于培尔先生[2]在关于灵魂与形体的联系的新系统中所发现的困难的说明(1698)

先生[3],我擅自寄给您这篇说明,以解释培尔先生在我所提出的想用以解释灵魂与形体的联系的假设中所发现的一些困难,[深感冒昧]。对于他在这方面对我所持的态度,我极表感谢;而且对于他在他那卓越的《辞典》中"罗拉留"一条之下对我所提出的反驳,我深引以为荣。而且像培尔那样心胸博大的人,他的反驳决不会不包含教训;而我也将尽力从他在这里以及若干别的作品中有关阐明这些问题的意见中去求得教益。他对我说过的灵魂保持不灭,甚至动物的保持不灭[4]并没有表示反对,但对我在1695年6月27日[5]和7月4日的《学者杂志》和1696年2月号《学者著作史》第247页和第275页中[6]所载的,我自以为解释了灵魂与形体间的联系与交通的那种方式,似乎还不满意。

以下我引一段他的话,从这里似乎可以看出他所发现的困难何在:我不能了解,(他说)那种内在的自发的行为的必然衔接,这种衔接会使一条狗的灵魂在感觉到快乐之后立刻又感到痛苦,哪怕宇宙中即使只有这条狗的灵魂单独存在。我的回答是:我说过,灵魂即使当世界上只有上帝和它两者时,也会感觉到它现在所感觉到的一切。我在说这话时,其实只是用的一种虚构的幻想,假设有一种照自然方式不会发生的情形,以指出灵魂的感觉只是已经在它里面的东西的一种后果。我不知道培尔先生在这种联系中所发现的不可理解的证据,是应当只在他以下所说的话中去寻找,还是从他想从现在起用从快乐自发地过渡到痛苦的那个例子婉转地引出。也许他是想让我们了解,这种过渡是与以下公理相悖的,这个公理是:一个东西一旦是如此,若没有别的因素介入使之改变,就永远是如此。因此,一个动物一旦是快乐的,如果它是单独存在或没有使它过渡到痛苦的外部因素,就将永远是快乐的。不管怎样,我还是同意这条公理,甚至我认为这条公理是对我有利的,因为事实上这是我的理论基础之一。从这条公理我们岂不是可以推出一个结论,即不仅一个静止的形体将永远静止,而一个运动的形体若不受任何阻挠,也将永远保持这种运动或变化,即保持同样的速度及同样的方向?因此,一个东西若单凭它自己,就只能永远保持它原有的状态,而同样如果这种状态是一种变化的状态,它也就继续地变化,并且永远遵循同一条法则而变化。而在我看来,受造的实体的本性就是遵循一定的秩序而连续不断地变化,这种秩序自发地(如果允许我用这个词的话)引导着这种实体通过一切它将遭遇到的状态,因此无所不见的[上帝]⑦就能在它现在的状态中看到它的一切过去和未来的状态。而这种造成每一特殊实体的个性的秩序的法则,和在一切其他实体以及在全宇宙中所发生的东西,都有一种确切的关系。如果我说以上一切都能证明,也许不算过分鲁莽;不过现在却只要把它看作是一种可能的、并适合于用来解释现象的假设就够了。在这种方式下,这种动物的实体的变化法则就在它的形体的连续状态发生中断时把它从快乐带到痛苦,

因为这个动物的不可分的实体的法则，就是按我们所经验的方式而表象着在该动物形体中所发生的东西，甚至以某种方式表象着相对于此形体而言在宇宙中所发生的一切。实体的各单元不是别的，而无非是宇宙的不同的集中点，依照着予以区别的各个不同观点而被表示出来而已。

培尔先生接着又说：我理解为什么一条狗会从快乐立即过渡到痛苦，那是因为它饿极了，并且正吃着面包，这时有人打了它一棍子。我不知道这是否的确被充分地理解了。没有人比培尔先生自己认识得更清楚，这正是重大困难之所在，就是得解释为什么在形体中所发生的事能够使灵魂发生变化；而且正是这一点才迫使维护"偶因论"的人不得不乞求于上帝，必须有上帝来操心，使凡在形体中所发生的变化都在灵魂中连续不断地表现出来；而我则认为这是上帝给予灵魂的本性本身，按照它固有的法则就能把在器官中所发生的一切自行表现出来。他接着又说：

但是，说它的灵魂是这样构造出来的，就是在它挨打的顷刻，即使并没有人打它，而且仍然吃着面包而并没有受到打扰和阻碍，它也会感觉到痛苦，这是我所不能理解的。⑧我不记得我曾经说过这样的话，而且这也只能作为一种形而上学的虚构来说，正如假设上帝消灭了某个形体而造成虚空一样，这两者是同样违反事物的秩序的。因为既然灵魂的本性一开始就被造成为以适当的方式相继地自行表现出物质的变化，以上所设想的情形在自然的秩序中是不会发生的。上帝可能给每一实体它所具有的独立不依于其他实体的现象，但这样一来，就可以说他会造成和实体的数目一样多的许多不相关联的世界；有点像有人所说的，当一个人做梦时，他是在他自己的分离独立的世界里面,而当他醒来时,他就进入了共同的世界之中。这并不是梦本身就不和器官及其他部分的形体相关联,而只是在一种比较不清楚的状况之下罢了。让我们跟着培尔先生一起看下去:

我也发现(他说),这种灵魂的自发性和痛苦的感觉,以及一般地和一切使它不快的知觉,都是非常不相容的。如果"自发"和"自愿"就是一回事,这种不相容倒是确实无疑的。一切自愿的都是自发的;但有一些自发的行为是不能选择的,因而并不是自愿的。事实上并由不得灵魂永远给自己一种愉快的感觉,因为它将来的所有感觉都有赖于过去已有的感觉。培尔先生接着又说:

此外,这位精明人士不喜欢笛卡儿派的系统的理由,在我看来似乎是一种错误的假定。因为我们不能说"偶因系统"是使上帝的行为用奇迹的方式(Deus ex machina)介入灵魂与形体彼此相依的关系中,因为上帝的介入只是依照着一般的法则,所以在这里并无丝毫超乎寻常之处。我之所以不喜欢笛卡儿派的系统,并不只是由于这个理由;而且稍稍考虑一下我的系统,就完全可以看出我在它本身之中发现了使我持此种学说的理由。此外,即使偶因的假设并不需要奇迹,我的假设似乎也仍然还有别的优胜处。我曾经说过:我们可以设想有三种系统来解释在灵魂与形体间所发现的交通,这就是:(1)彼此影响的系统,这是各经院学派所主张的系统,而就其通俗意义而言,我相信,这种系统经笛卡儿派之后已经是不可能的了;(2)有一个永久守候者的系统,这守候者使在灵魂与形体的一方中所发生的情形,在另一方中表现出来,有点像一个人得负责看管两个自己决不会走得一致的坏钟,使它们总是走得

一致，这就是偶因系统；(3)两个实体之间自然一致的系统，有如两个非常准确的时钟的情况一样；我认为这个系统和那种有一个守候者的系统同样可能，但更配得上这种实体、时钟或自动机的制造者的尊严⑨。然而，让我们来看看这种偶因系统是否实际上并没有假定一种永久不断的奇迹。人家在这里说，并没有假定，因为照这个系统来看，上帝只是依照一般的法则行事。我同意这话，但照我的看法，这并不足以排除奇迹；即使上帝连续不断地这样做，也并非不是奇迹，如果不把“奇迹”一词照通俗的意义看作是罕有而奇异的事物，而照哲学上的意义看作是超乎受造物的力量之外的东西的话。光说上帝造成了一条一般的法则是不够的，因为除了这条律令之外，还得有一种自然的工具或手段来执行它，这就是说，凡是发生的事件，都必须能够用上帝所给予的事物的自然本性来解释。自然法则并非像许多人所想象的那样武断，那样不分轩轾。譬如说，如果上帝命令一切形体都得有循 一圆周运动的倾向，而且这些圆周的半径都得和这些形体的大小成比例，我们也许就得说有一种工具或手段依照更简单的法则来执行这个命令，或者得说上帝以奇迹的方式来执行这个命令，至少得有天使被正式地派来管这事，正如从前人们认为那些天球都有天使管着那样。如果有人说，上帝已给了形体一种自然而原始的重力，由于这种重力，每一形体都趋向其球形的中心，而不被别的形体所推动，那情形还是一样的；因为照我的看法，这种系统总得要有一种永久的奇迹，至少得有天使的帮忙。

传给形体的形式的那种内在而能动的效能(vertu)会知道它所产生的行动的后果吗？决不；因为我们由经验知道，我们并不知道一小时之后我们将会有这样或那样的知觉。⑩我的回答是,这种效能,或毋宁说这种灵魂或形式本身,并不清楚地知道,但它们却能模糊或混乱地感觉到。在每一实体之中都有一切在它之中曾经发生过以及将要发生的事的痕迹。但这种知觉无限多,以至我们不能把它们区别清楚,正如当我听到整个一群人的巨大混乱嘈杂声时,我不能区别其中个别的声音一样。

因此,这些形式在产生它们的行动时必定受某种外在原则的支配;这不就是 Deus ex machina("救急神"),和"偶因系统"的情形一模一样吗?⑩由于有了前面的回答,就不会产生这样的结果。相反,每一实体现在的状态是它先前状态的自然后果,但只有一个无限的心智才能在灵魂中、同样也在每一部分的物质中看到这种后果,因为它是包含着整个宇宙的。

培尔先生的结尾是这样说的:最后,既然他假定——而且很有理由地假定——一切灵魂都是单纯而且不可分的,我们就不能理解怎么可以把灵魂和时钟相比,⑪这就是说,灵魂凭其原始的构造,能够运用它们从创造者那里所获得的自发的活动力,而变换它们的作为。我们明白地知道,一个单纯的东西,如果没有外来的原因使之改变,就会永远齐一地动作。如果是一个由好几块凑成的东西,如同一架机器那样,它的动作就有变换,因为每一块的特殊活动都可以在任何时候改变其他诸块的动作过程;但在每一个单一的实体中,你从哪里去找动作变化的原因呢?我发现这个反驳是值得培尔先生提出的,而且是属于最值得加以说明的反驳之列。但我也相信,如果我不曾对此预先有所准备,我的系统就是不值一顾的。我把灵魂与时钟相比,只是就其变化的有规律的准确性这一点而言的，这种准确性即使对于最好的钟表也只是不完全的，但就上帝的作品而言则是完美无缺的；我们可以说灵魂是一个最准确的非物质的自动机。说一个单纯的东西永远齐一地动作，得加以某种区别：如果齐一地动作是永远不断地遵循同一秩序或连续的法则，就像一串数目那样，我承认一切单纯的东西甚至一切组合的东西本身就都是齐一地动作的；但如果说齐一地（uniformement）就是同样地（semblablement），则我不能同意。我们可以举一个例子来说明这种意义的区别：一个循着抛物线的运动在第一个意义上是齐一的，但在第二个意义上就不是，因为抛物线的各部分之间彼此并非同样的，不像直线的各部分那样。[……][12]同样须考虑到灵魂尽管是单纯的，却永远有一种许多知觉所同时构成的感觉；这种说法对我们的目的来说，同说灵魂像机器一样是复合而成的一样可行。因为每一在前的知觉都对随后的知觉有影响，并符合一种秩序的法则，在知觉中有这种法则，正如在运动中也有这种法则一样。若干世纪以来，大部分哲学家，凡是认为灵魂和天使（他们认为天使是没有任何形体的）是有思想的，更不必说亚里士多德所说的"精灵"（intelligences）了，都承认在一个单纯的东西里面会有一种自发的变化。我要加一点，说既然同时一起在同一灵魂中的那些知觉都包含着真正无限多的无法彼此区别的微小感觉，后来当可发展出来，这就丝毫不应奇怪，后来随着时间发展，其结果会有无穷的花样。所有这一切都无非是灵魂能表象的本性所产生的后果，它必然会表现出在它的形体中所发生的，甚至将来要发生的一切，而且由于宇宙中所有各部分都有联系或呼应，也以某种方式表现出在其他一切形体中所发生的情形。我们只要说，上帝既然造成了形体的自动机,他自然也能够造成非物质的自动机来表象这些形体的自动机,也许就够了,但我认为能把这方面稍加发挥也好。

此外,我曾很高兴地读了培尔先生在“芝诺”一条下所写的内容。也许他会看到,从那里所能引申出来的意思,和我的系统比和其他一切系统更相符合;因为在广延及在运动之中的实在的东西,只存在于现象与知觉的秩序及规整的序列的基础之中。学园派及怀疑派,和那些想给他们以答复的人一样,所陷入的困难似乎无非都是因为想在我们之外的可感觉的事物之中去寻找一种比规整的现象更大的实在性。我们想到广延是想到并存的事物的一种秩序;但我们对广延以及对空间,都不应该以对一种实体那样的方式来设想。这和时间一样,那无非是为心灵表示一种变化中的秩序。⑬至于运动,其中实在的东西,无非是力或力量,这就是那在目前状态下带着自身向将来变化的东西。其余的无非是现象及关系。考察一下这个系统也可以使人看出,只要我们深入事物的底蕴,我们就会发现比在大部分哲学派别中所想到的更多的道理。如怀疑派认为的可感觉事物无实体的实在性;毕达哥拉斯派和柏拉图派把一切都归结为和谐和数,归结为理念或知觉;如巴门尼德和普罗提诺所主张的“一”,甚至一个全,而无任何斯宾诺莎主义;斯多亚派的联结,可与别的自发性相容并列;通神派和炼丹派的生命哲学,认为一切都有感情;亚里士多德和经院学派的“形式”和“隐德莱希”;以及德谟克利特和近代人却又对一切特殊现象作出的机械的解释;如此等等,可以发现,所有这些都彼此结合在一起而环绕着一个中心,就像一幅风景画有一个中心贯

穿其中一样，这幅画的对象(从任何别的角度看来都会显得凌乱)会使人看出它的规律性及其各部分的适当地位:用一种宗派的精神排斥别的学说以自限于一得之见，实在是巨大的损失。着重形式的哲学家就责骂讲物质或讲微粒之类的哲学家，反之亦然。你如果主张原子与虚空的学说，你如果认为有某些最初的元素(即如笛卡儿学派所说的那样)而不承认真正的单元，你如果没有认识到一切都是无限的，没有认识到最大者在最小者之中有精确的表现，以及每一事物都具有的依照一种完美的秩序而发展的趋势——这是最值得赞美的，而且是最高本原的最美的结果，这个最高本原的智慧与善良是尽善尽美无以复加的，凡是想从之一聆经纶的人，也不能再希望有更好的人，——你如果是如此，你就是很糟糕地给了区分和精密性以一种限制，同样也给了自然的丰富和优美以一种限制。

注　释

① 本篇载于 G 本第 4 卷第 517—524 页，原题为本译文的副题；E 本第 150—154 页，原题为“给学者著作史编者的一封信，包含对于……的说明(如副题)”。《学者著作史》编者即 Basnage de Beauval，参见说明(二)注①。本篇首次发表于 1698 年 7 月号《学者著作史》第 329 页。

② Pierre Bayle (1647—1706)，《中国大百科全书》哲学卷译作“贝勒”，现照《马克思恩格斯全集》中译本作“培尔”，法国哲学家及文人。他的父亲本属加尔文教派，但他因为入了一所耶稣会学校而成为天主教徒(1699)，但十七个月后又重新改入加尔文派新教。为了避免迫害，他逃到日内瓦，与笛卡

儿派哲学家相交往。1675 年被任命在色当新教大学主讲哲学,其后又为鹿特丹大学哲学历史教授。他不是一位创立体系的思想家,而是一位杰出的批评家。他所讨论的题材,其细密的程度足以令人称慕。他的第一部著作是《文苑新闻》,而其代表作则是《历史批判辞典》。该辞典初版于 1695—1697 年间。就是在这部辞典中的"罗拉留"(Rorarius)一条之下,他提到了莱布尼茨的新系统,发现有若干困难。莱布尼茨即在给巴纳日·德·波瓦尔的信中予以答复,这就是本篇。其后在 1702 年该辞典再版时,培尔在"罗拉留"条下再次向莱布尼茨提出反驳,莱布尼茨又照培尔原文先逐段逐节与他探讨[即说明(五)],然后又通篇提出答复[说明(六)]。

③ 指《学者著作史》编者巴纳日·德·波瓦尔,见注①。

④ 参见"新系统"6、7、9 诸节。

⑤ 指"新系统"。

⑥ 指新系统说明(二)。

⑦ 原文为 celui qui voit tout, 即"无所不见者","上帝"为译者所补出,以期更明显。

⑧ 这是因为培尔以为莱布尼茨既然认为灵魂与形体是完全分离独立的,各自遵循前定的法则行事,那么在灵魂被规定该感觉痛苦时,不管形体当时是怎样的情形,都该感觉痛苦,因此才有这样的说法。但莱布尼茨以为这是培尔的误解,实际上并非如此,阅下文自明。

⑨ 参见说明(二)、(三)。

⑩ 此段以上为培尔的话。

⑪ 参见说明(二)注⑥。

⑫ 此处"[ ]"内原文为"附带地说"到的一个涉及物体运动的数学问题,略去未译。

⑬ 莱布尼茨认为"空间"和"时间"不是实在的实体,而是事物的并存关系及不能并存的先后关系的秩序。显然这是思想史上的重要变革,这样就和

笛卡儿派以"思想"和"广延"为两种实体的思想根本不同。康德认为时空是"形式的直观"和"直观的形式",只承认其有"经验的实在性",而否认牛顿那种以空间为一大空箱,时间为一大长流的概念,其思想未尝不曾受莱布尼茨的影响。关于莱布尼茨的时空观,在《莱布尼茨与克拉克论战书信集》中有详细的发挥,可以参看。

新系统说明(五)[①]

——培尔先生的《辞典》“罗拉留”一条的节录(1702年版，第2599页以下)，及我的按语

教皇克莱蒙七世(Clement Ⅶ)派驻匈牙利王斐迪南(Ferdinand)宫廷的公使热鲁姆·罗拉留(Jerome Rorarius)，曾经写了一部值得一读的著作。他企图在这部著作中表明禽兽不仅是理性的动物，而且比人更善于运用理性……。这部书写得不坏，其中包含许多关于禽兽的机巧的奇异事实……。这些事实同时使笛卡儿的门徒及亚里士多德的门徒都陷入困惑。笛卡儿派否认禽兽也有灵魂；亚里士多德派主张禽兽赋有感觉、记忆及情欲，但是没有理性。笛卡儿先生的见解是如此难以得到支持，而且远不像是真的，这很可惜。因为在别的方面这种见解对于真正的信仰是非常有利的，而这是使有些人不能背弃它的唯一理由。它绝不是从属于通俗意见的那些非常危险的后果的。

[通俗意见认为禽兽的灵魂能够感觉，但却是要死亡的，因为假如它有感觉，就得说它是非物质的，否则就得说物质能够感觉。但如果它是非物质的，也就得说它是不死的，否则就得承认，一种非物质的实体能够消灭。但是不管你是说物质有感觉，还是认为非物质的能够消灭，两者都会毁掉我们的灵魂不

死的自然证明。我的意见是禽兽的灵魂有感觉，但同时也是非物质的，甚至也不会自然地消灭。]

很久以来人们就主张禽兽的灵魂是有理性的。经院哲学家们拒不承认这一点是极大的错误。他们自认为这样就可以避免那些给禽兽以理性灵魂的人所导致的那种使人不快的后果。这些先生们既不是没有做出区别，也不是没有指出例外，更不是没有勇气来决定禽兽灵魂的行为决不能超过他们所给予它们的若干限制；但所有这些混乱而看不透的空话丝毫无助于确定一种人类灵魂与禽兽灵魂之间的特殊差别。而且看起来他们几乎不能够发明一种比他们迄今所引用的更好的解释。曾经最成功地驳斥了笛卡儿关于禽兽灵魂的主张的作者，如果能够廓清通俗的见解，将会使我们非常高兴。[即指耶稣会士巴第神父(le P. Pardies Jesuite)在他的一本关于禽兽的认识的书中所说的。]

[很久以来我就曾经致力于培尔先生在这里所想要做的工作，有许多高明人士认为我已经做得颇为成功。我曾经致力于用一种比较来解释。在医学上，有经验派、方法派、理性派等三大派别。第一派不承认对于原因或理由的探讨，他们仅以事实或经验为满足，说这样曾经是有用的或有害的，因此在以后相同的情形下也会有用或有害。单纯的方法派不关心观察或经验，他们相信一切都可以归到原因或理由。但理性派的医学却致力于结合对原因的探讨而使经验完满。我曾指出禽兽只需经验就能够做它们所做的，只需记忆足够记住它们所连续遭到的情形，就可以从一个与以前的经验相似的新经验，等待一个与以前的后果相似的后果。人类也常常作那种相似的

推论而且获得成功。但因为这不是必然的，所以当原因不一样时，就常常失败。因此，人类优越于禽兽之处在于不仅仅靠经验和有记忆，使他可以作归纳，而且还有理性能够作推证的三段论，认识必然的真理，由这种真理可以作出绝对普遍永恒不变的陈述，这就使人能够有推证的知识，在禽兽中是找不出这种知识的丝毫迹象的。反之就禽兽与人专靠经验而言，就只能觉察到一种基于某种归纳或经验的普遍性，而这种普遍性如果不知其理由就永远不会是完全可靠的。]

培尔先生在第2604页的注解中说：我们不能想到这种学说的后果而不惊恐：人类灵魂和禽兽灵魂在实体上并无分别，它们是属于同一种类的，人类灵魂比禽兽灵魂多得到一点灵光(lumières)，但这只是一种偶然的长处，而且依赖于一种武断的设定。这种学说必然地、不可避免地会在各学派讲禽兽的认识的教义中流行。由这种学说推论下去，则禽兽的灵魂如果是物质的并且有死的，人类的灵魂也就如此，而如果说人类灵魂是精神的并且不死的实体，则禽兽的灵魂也如此，不论从哪一方面说，两者都是可怕的结论。因为如果要避免禽兽的灵魂不死，我们就假定人类的灵魂与其形体同时死亡，那么我们就推翻了另一生命的学说，就动摇了整个宗教的基础；而如果要保存人类灵魂的不死那种特权，就把这种不死也扩充到禽兽灵魂上，那么我们就会陷入怎样一种深渊呢？我们要这么些不死的灵魂做什么呢？是不是它们也会有天堂和地狱？是不是它们也会从一个形体过渡到另一个形体？是不是它们会随禽兽的死亡而归于消灭呢？上帝不停地创造出无限的精魂，为的是立刻又把它们重新投入虚无之中吗？有多少昆虫是只活很少日

子的？不要以为只要替那些我们所知的禽兽创造了灵魂就够了！那些我们所不知的数目还要多得多！显微镜使我们能在一滴液体里面发现千千万万生物。如果我们能有更完美的显微镜，我们还能发现其他更多的生物。而且不要说昆虫是机器；因为人们毋宁是拿这个假设来说明狗的行为而并不是拿来说明蚂蚁和蜜蜂的行为的。肉眼看不见的动物也许比较大的动物更有精神更有理性呢！

［上述双重的所谓惊恐实在是不应使我们害怕的。第一，我已经指出过在禽兽灵魂与一种像理性灵魂那样的心灵之间有一种本质上的区别。我们所注意到的禽兽的那种聚集只是一种归纳或偶然性的结论，是可能失误的，我们在其中看不到作为心灵所能有的高等知识的基础的那种必然的理由或推证的三段论。第二，我们承认，一切灵魂，不论动物的还是人类的，都是非物质的，而且不可毁灭。但我们不同意因此就认为禽兽灵魂是精神的或值得称为“心灵”，因为虽然它也有感觉，但没有包含理性知识的理解力。而且因为如此，禽兽也就没有自由。在禽兽灵魂的不可毁灭性和理性灵魂的不死性之间也有一个重大的区别。因为一切灵魂都保存它们的实体；但只有心灵还能保存它的“人格”，就是对于这个“自我”的认识，由于这种认识，我才认识我是同一个人，这样才使我能感受到报应或惩罚。第三，我同意那种摧毁了我们灵魂的非物质性及不可毁灭性的结论是很坏的后果。但我看不出把非物质性及不可毁灭性扩展到一切灵魂那种见解有什么值得惊恐的。如果灵魂因为是单纯的实体，所以是自然的真正的原子，和德谟克

利特所想象并为伽森狄所重新提倡的物质原子一样不可毁灭,这有什么不好呢?培尔先生说,我们要这么多灵魂来做什么?但是,要这么多物质的原子又做什么呢?这些原子在德谟克利特看来是进入有形实体的组合的,而在我们看来,这些灵魂也是进入其中的,因此我们并没有把它们加以消灭的必要。而且也不必有它们的天堂和地狱,也不必要它们从一个形体过渡到另一个形体。对于满足那些驳难来说,这样也许就够了。但我已经把这个问题的根本弄清楚了,使人们看到不仅灵魂,就连动物也是永远生存的,只有禽兽机体的增长、缩减和变形而已。因此,为所有物质所分散的灵魂,其数目是无法计算的,这并不比说动物的数目无法计算有什么更大的困难。]

培尔先生在第2607页接着又说:

作为欧洲最伟大人物之一的L先生②很清楚地认识到了这些困难,曾开辟了一片园地,值得人们去开垦。我将对此说一些话,这只是要指出一些我的怀疑等等[培尔先生注]。他赞成若干近代人的见解,认为动物在种子之中就已构成,此外他又认为单纯的物质不能构成一个真正的"单元",因而一切动物都和一个"形式"[或灵魂]相联结,这种形式是一个单纯的、不可分的、真正单一[真正地是"一"]的东西。此外,他又设定这种形式是永远不会[完全地并且一下地]离开它的主体的,由此他得出结论,认为真正说来,在自然中,[一个生物]是既无死亡也无生殖的。他把人的灵魂[及别的一切心灵]作为例外,分开对待它们。[这些理性的实体有双重的等级和用途，其一是物理的，如一切动物一样，是其形体的机器的结果，另一为道德的，使之进入上帝的社会，作为上帝之城的公民；这就使它们不仅保存了它们的实体，而且还保存了它们的人格及认识它们本身是什么的那种知识。]这一假设有点像有些印度哲学家的意见，如贝尼埃先生(M. Bernier)③在他记载的关于他和印度的有些异教人士的书信交往中所述的那样(第200页)。这种意见为我们解除了一部分困难。现在的问题已经不是去回答人们对经院学派所提出的咄咄逼人的驳难了。人们对他们说，禽兽的灵魂是一种与形体有别的实体；因此它应该是由创造而产生，并由消灭而摧毁的。那么，难道还得说热是有创造和消灭灵魂的力量的吗？还有什么比这更荒谬的说法呢？因为在埃及就有人把鸡蛋放在比较热一点的灶里来孵小鸡。逍遥派对此驳难的回答用不着再来复述一遍，也不值得把在课堂里用来对年少无知的小学生讲的那些糊涂话拿来说明一番。这些答复只适合于使我们深信这种驳难对他们来说是不可克服的而已。如果人们要他们在虽比永远存在的物质高贵优越得多，却在产生几天以后就完全毁灭的几乎无数的实体连续不断的产生之中，找出一点意义和理由的影子，他们也就同样被逼到悬崖边上而不能抽身。L先生的假设招架住了所有这些打击，它使我们相信：(1)上帝在开天辟地时就创造了所有形体的形式，因此也就创造了所有禽兽灵魂；(2)灵魂从那时候起就永远继续存在，而且和上帝使它居住在其中的最初的机体不可分地联结在一起[不是若干物质团块永远与动物或灵魂不能分离地联结在一起，而是永远有某种器官如此相联结，至少是用一个与主器官相等的东西来代替它，就像一条河流永远是那样，而那种相类似的物质则永远进出于其中]。这使我们避免了轮回的说法,按照轮回说,灵魂是一下就过渡到另外一个构造完全不同的形体之中。如果没有上述的说法,这种轮回说应该是人们必然要在那里寻求庇护的避难所。在 L 先生的假设中也有些使人觉得困难的地方,虽然这些也表示出他的天才的广阔和有力。

[培尔先生在这里所提出的驳难,只是针对着我的那个假设的一半。他似乎赞同我所说的禽兽灵魂的非物质性及延续性,甚至也赞同我所说的动物的延续和变形。但他对我所提出的解释灵魂与形体交通和交往的方式还不完全满意。]

他想让禽兽的灵魂独立不依于形体而行动,……这样的结果,就会导致即使宇宙间没有任何形体,甚至于宇宙间只有上帝和它,它也会感到饥渴。

[我说这样的话,只是当作一种虚构,这和事物的秩序完全不相适合,但可以使我的思想比较容易理解。因为上帝是这样造成灵魂,就是使它须和在它之外的一切相协调一致,甚至随着事物在它那有机形体上所印的印象而表象出外界,这形体就成为它的观点。如果在形体中有那些常常伴随着饥渴感觉的运动之外的其他运动,灵魂就不会有这种感觉。诚然,如果上帝能够决意把灵魂之外的一切东西都毁灭,而只保留灵魂和它的感受及情状,那么这些感受和情状是会照着它自身原有的禀赋使灵魂有和先前一样的那些感觉,就像形体仍然存在一样,虽然在这种情形下就会跟一种梦一样。但因为这是和上帝要灵魂和外物相协调一致的计划相反的,因此很明显,这种前定和谐就摧毁了这样的一种虚构,这种虚构有形而上

学的可能性，但和事实及其理由不协调。]

他[在《学者著作史》1696 年 2 月号中]曾用两个完全协调一致的时钟的例子来作说明。这就是，他假定，依照使灵魂行动的特殊法则，灵魂应当在某一时刻感觉饥饿，而依照控制物质运动的特殊法则，与此灵魂相连的形体应当在这同一时刻有所变化，就像当灵魂觉得饥饿时它所变化的一样。

[我曾经解释过灵魂与形体之间的一致，用的方法是把这两者之间的一致比作两个构造不同而永远精确地一致的时钟，以便指明同一时间中的同一钟点。这种一致可以由三种方式造成：(1)把它们这样联系在一起，使它们不得不同时振动；(2)特地叫一个人看管着调整，使它们一致；(3)开始就把它们做得极其准确极其好，使它们能够由于本身的结构就能相互一致。这无疑是最好的方式。因此，灵魂与形体的能够一致抑或是：(1)由于彼此影响，这和诸经院学派的共同见解相符，但这是无法解释的；(2)由于上帝的操心连续不断地使它们相一致，如按照偶因系统说所说的，灵魂和形体两者之一的状况给上帝一个机缘，使他在另一个上面造成相应的印象，这是一种和神圣的智慧及事物的秩序相合的恒久的奇迹；(3)由于两者各自的精确的规律，使它们能够由于自己原有的本性而彼此一致，这是最美而且最配得上上帝的尊严的方式，而这就是我的“前定和谐”的系统。]

我愿意等待着选择这个系统，而不选择偶因系统，等这个系统的高明的作者来加以修正使之完美。我不能理解那种内在的、自发的行为的必然衔接，这种衔接会使一条狗的灵魂在感觉到快乐之后

立刻又感觉到痛苦,甚至宇宙中即使只有这条狗的灵魂单独存在。我理解为什么一条狗会从快乐立即过渡到痛苦,那是因为它饿极了,正在吃着面包,而有人突然打了它一棍子。但是说它的灵魂是这样构造成的,就是在它挨打的那顷刻间,即令并没有人打它,而且它仍然吃着面包而并没有受到打扰和阻碍,它也会感觉到痛苦,这是我所不能理解的。

[要是真正理解我的意思的话,我也并不是这样说的。按照前定和谐说,是当狗的形体被打时,痛苦的感觉就来到它的灵魂之中。而且如果这条狗不该是现在被打的话,上帝就不会事先给它的灵魂这样一种构造,使它在现在产生这种痛苦的感觉,以及和这根棍子的一击相呼应的这种表象或知觉。但如果(这事实上是不可能的)上帝追悔了,改变了形体的变化过程,以致这一击不会打在它的身上,同时却不改变灵魂的本性及其情状变化的自然过程,那么就在它的形体没有受到打击时,它的灵魂也会感觉到和这一击相呼应的感觉。可是培尔先生将会说:我知道狗的形体之所以被棍子打的那些理由,但我不懂狗的灵魂在它吃得很有味而感觉快乐时,怎么能一下过渡到痛苦,但又不像经院学派所说的以那根棍子为其原因,也不像偶因论者所说的特殊地由于上帝。但培尔先生同样也不会理解棍子如何能影响灵魂,也不会理解上帝究竟怎样进行那种奇迹的作用才使灵魂与形体连续不断地相一致。反之,我却是假定每一个灵魂都是一个依照着它的观点,特别是相对于它的形体,而表象着全宇宙的一面活的镜子,而致力于解释这种一致是怎样自然地造成的。因此,使

这根棍子动的那些原因(就是站在狗的后面，准备当它吃的时候就打它的那个人，以及一切在形体的过程中有助于这样支配这个人的那些条件)，其实也都是事先在狗的灵魂中确切地表象着的，只是由于这种小而混淆的知觉很微弱，而且没有有意识地察觉，也就是这条狗没有注意到，因为这条狗的形体也只是不知不觉地感受着这种原因的。而当在形体的过程中这些禀赋最后在狗的身上产生了切紧的一击时，这些禀赋的表象同样地最后在狗的灵魂中也产生了这根棍子的一击的表象，这种表象是突出而强烈的(这些在先的禀赋的表象则是不突出、不强烈的，因为这些在先的禀赋也只是很微弱地为狗的形体感受到)，这条狗就明明白白地察觉到它，而这就造成了它那痛苦的感觉。因此，完全不应该想象在这种境遇之下，狗的灵魂从快乐过渡到痛苦是毫无凭借、没有任何内在理由的。]

我也发现这种灵魂的自发性与痛苦的感觉，以及一般地说与一切使它不快的知觉，都是非常不相容的。

[培尔先生这一反驳的理由，是我们不会自发地趋向于那种使我们不快的事物。可是得辨别一下：我承认我们知道那种事物会使我们不快时，情形是这样的，但在这里这条狗可并不知道。同时也还得把自发和自愿加以区别。变化的本原是在这条狗之中的，它的灵魂的禀赋不知不觉地进行着而达到给它以痛苦，但这都不是它所知道的，也不是它所愿意的。狗的灵魂中对这个宇宙当下情况的表象会在它之中产生出对这同一宇宙的随后情况的表象，正如在别的事物中在先的情况会有

效地产生出这个世界的在后的情况一样。在灵魂中,原因的表象为结果的表象的原因。而这个世界的随后的情况既然包含着这条狗身上的一击,则在它的灵魂中随后情况的表象也就将包含有和这一击相呼应的痛苦。]

此外,这位精明人士为什么不喜欢笛卡儿学派的系统的理由,在我看来似乎是一种错误的假定。因为我们不能说"偶因系统"是使上帝的行为用奇迹的方式(Deus ex machina)介入灵魂与形体彼此相互依赖的关系中。因为上帝的介入只是依照着一般的法则,所以在这里并无丝毫超乎寻常之处。

[使我排斥偶因系统的理由并不止一个;但我承认这里所引的也是理由之一。而且,一个行为适合一种一般的法则,并不足以表示它就不是奇迹。因为如果这种法则不是基于事物的本性,就得有持久不断的奇迹来实现这种法则。因为如果上帝造成一条法则,要命令一颗行星绕着太阳旋转而没有确立迫使它不得不如此的某种东西;那么我说如果上帝并不总是自己插手其间,这颗行星就不会服从这条法则。因此,只有上帝命令形体要服从灵魂,而灵魂要对在形体中所发生的东西有知觉,是不够的,他还得提供一种手段来实行这个命令,而我就解释了这种手段。]

培尔先生在以上所说的第2610页对我在《学者著作史》1698年7月号中所作的答复,④又作了如下的答复。

我首先声明,我为我对这位大哲学家的系统提出的一些小困难而庆幸,因为这使他有机会作答而进一步为我对这个题材有所发挥，而且使我更明白地认识了它的奇妙。我现在把这个新系统看作是一个重要的收获，它把哲学的范围扩展了。我们以前只有两个假设，即经院学派的假设和笛卡儿学派的假设。一个是形体对灵魂及灵魂对形体影响的方式；另一个是协助的方式或偶因(causatité occasionelle)的方式。但是这里有了一个新的收获，即我们可以采取弗朗索瓦·拉弥神父(le Père Dom François Lami)(《自我认识》第二篇，1696 年版，第 226 页)⑤的名称，称之为前定和谐的方式。

[我在 1696 年 4 月 9 日的《学者杂志》上给傅歇先生的答复中已给了它这个名称，而拉弥神父认为是合适的。]

对于这一点我们很感谢 L 先生，而且完全不能想象谁还能给造物主的智能这样崇高的观念。这加上排除一切奇迹行为的概念那个长处，将使我宁愿选择这个新系统而不选择笛卡儿派的系统，如果我能够在前定和谐的方式中看到若干可能性的话……。我力避一切比起对别的一些哲学家的见解来，对他的见解也并不更相反的驳难；因此我将不引用那些困难来打击这种认为创造物能从上帝接受自行运动的力量的假设。这些困难是很大的，不可克服的。且看史都姆先生⑥在他的《精选物理学》第一册中所说的，其节录见《莱比锡报》1697 年第 474 页以下，以及他刊登在 1699 年《莱比锡报》第 208 页以下，答复莱布尼茨先生刊登在 1698 年上述刊物第 427 页以下的一篇论文的论文。

[查考一下我也刊登在莱比锡拉丁文报上对史都姆先生后一论文的答复⑦，就会看到这些困难并非像他在这里所说的那样不可克服。]

L 先生的系统对这方面并没有比逍遥学派的系统多说了些什么……我也不相信 L 先生会比笛卡儿派和别的哲学家更容易保证人类的自由以对抗宿命的机械论的驳难。那么让我们把这些都搁在一边,只谈谈适合于前定和谐这一系统本身的问题。

一、我第一点要提出的,是他把神的技艺的力量与智慧提升到一切可设想的东西之上。

[我同意是把它提升到一切可理解的东西之上,但并不是提升到一切可设想的东西之上。]

你设想一条船,既没有感觉也没有知识,而且也没有任何被创造的或非被创造的东西驾驶它,却能够这样凑巧地自己行动,能够永远有顺风,能够避开浪潮与礁石,而且能够正好在必要时就退入一个港口。你设想这样一条船就这样连续不断地航行多少年,总是随着气候的变化及海洋与陆地的不同处境而当行则行,当止则止,你将会同意上帝的无限不会大到竟然能给一条船这样的功能,你甚至也会说这条船的本性是不能从上帝那里接受这样的性能的。然而 L 先生对于形体这架机器所设想的比这一切更令人赞叹,更令人惊奇。

[我首先要回答,这样一条船的假设是否可能的问题。然后我再讨论一下这里所说的和人类形体这架机器的比较。首先我觉得奇怪的是,培尔先生竟不提供任何理由就决然地认为这个问题的答案是否定的,否认上帝能够如此,反之他自己却常常赞同凡是不包含任何矛盾和不圆满性的,都可能为神所产生。如果有人要求上帝给船以某种功能,圆满性,或隐秘性质,使它能够永远驾驭自己,行驶在它自己的航线上,而既没

有内在的认识，也没有任何外在的引导，就像荷马史诗《奥德赛》中斐亚基人(Phaeaciens)的船那样，那么我承认，培尔先生将会是有理的。因为这样的假设是不可能的，而且违反充足理由原则，因为要找到理由来说明这样一种圆满性恐怕是不可能的，而且这样就得上帝用一种持续不断的奇迹插手其间；除非有哪一位偶因论者会认为正好可以求助于他所假定的一般法则，因为上帝也可以为这条船颁布一条这样的法则；而极愿把"偶因"和奇迹分开的培尔先生却不能有什么理由来反对这一点。但对于我来说，却排斥这种自然法则，而我抛弃这种法则是用事物的本性绝对可以解释的。但是，否定了这条船能有这种隐秘性质之后，我们得承认，没有任何东西可以阻止一条可谓是生而非常幸运的船能够永远不受风和潮汐的控制而穿过浪潮和暗礁，仅凭幸运的偶然遭遇就能到达港口。的确，有时无人驾驶的船也会到达它原定的目的地。有什么不可能性能阻止同一条船有多次这样的遭遇呢？由此推论，既然有若干次能如此，又有什么能阻止它不是每次入海都能如此呢？由于偶然事故的数目并不是无限多，因此不仅上帝，即使是一个有限的心灵，只要很高明，也能够事先看到这条船将会遭遇到的一切偶然事故，因此可以通过解决一个几何学—力学上的问题，弄清这条船的结构，以及地点、时间、入海的方式，以使它自己作必要的调节去适应这有限的一些偶然遭遇。我们不是知道人的精明也足以造成那样的自动机，它能在街上行走，碰到某几个拐角处就自己转过来，而像这样自行适应若干数目的偶然事故吗？而一个比例上更大的心灵也就能够调节适应更多的偶然事故。如果这个高明卓越的心灵发现这些偶然事故并不是先已给予的,而是可以自由地由它的愿望使它们产生或停止的,这对于它来说就无可比拟地更容易满足这个要求,而事先用一种前定的和谐使这条船来适应这些偶然事故,也使这些偶然事故来适应这条船。因此,怀疑上帝的无限是否如此伟大以至于能达到这种目的,实在是最严重的错误。]

二、现在就让我们把灵魂与形体相统一的这个新系统应用到恺撒这个人身上。根据这个系统,应该说尤里乌斯·恺撒的形体是这样运用它运动的性能的,即从它出生直到它死亡,它都遵循一种持续不断的变化历程,这种历程以极端的准确性和某一灵魂的持续变化相呼应,这个灵魂是他的形体所不认识的,也不留任何印象在这个形体上。

[形体不认识灵魂中的经过情形,灵魂也不留任何物理的印象在形体上。培尔先生同意这一点,但上帝在这里已起了辅助作用,并不是他自己不时地给形体新的印象以使它服从灵魂,而是首先就把这个自动机造成恰好在适当的时间地点执行灵魂的命令。]

我们得说,恺撒的形体的这种功能所遵循而必须产生出这些行为的法则是这样的:它在某一天某一时刻要到元老院去,他将说怎样怎样的话,如此等等,甚至即使上帝高兴在他创造了恺撒的灵魂的第二天就把他的灵魂消灭了,情形也仍然是这样。

[这里实在毫无令人惊奇之处,只要我们想一想,像上帝那样伟大的一位艺术家,是能够造出一个自动机,像一个仆人那样

能够执行他的职责，而且能够在指定的场合奉行一切在一段很长时期内命令它做的工作的。形体对于心灵就是这样一个自动机。]

我们得说，这种运动的性能将正好随着这个野心勃勃的心灵的思想滔滔不绝的转变而变化，而且正好使它自己呈现这样一种状态而不是别的状态，因为恺撒的灵魂是从这样的一个思想转变为另外一个思想的。

[培尔先生似乎是弄错了，他想象着有人给了船或人的形体一种莫名其妙的功能或性能，能够自行适应偶然事故或适应思想而对之没有任何认识甚至也没有任何可理解的理由。谴责这样的一种功能，说它不可能，是十分正确的，但是人家从来就没有这样想过。能做仆人的工作的自动机只需要一种结构，使它由于机械法则而实行其功能。它并不自己变化以适应主人的思想。它只是遵循它的程序，而凭这一点本身，就恰恰与造就这个机器的人要它侍候的人的意愿相符合。]

一种盲目的力量能由于30年或40年前给它的一个印象的结果就这样巧妙地自行调节改变吗？而且这个印象自从被给了以来就从未翻新过，而且完全任由它自己，也从来没有认识过它的教训。这不是比我在上一段所说的船航行的情形更为不可理解吗？

[我们逐渐地看出了培尔先生实在是没有很好地理解我的思想，我的意思是形体并不是由于它所接受的一种莫名其妙的印象或性能而自行在必要时变化，而是由于它的结构能调节以适应其目的。用那个当仆人用的自动机仍然可以消除这整个困难。给它的那种结构就足够它来行使它的一切功能了，

即使全凭它自己,即使不翻新最初的印象,即使它对别人给它的命令或教训毫无认识,都没有关系。恺撒的形体与这个自动机之间的区别只不过是程度上的差异而已。]

三、还有更使这个困难增加的是:人的身体这架机器包含着几乎无限数目的器官,而且它会持续不断地被它周围的形体所冲撞,而这些形体就会用多至无数的震动在人身体中引起千百种变化。(我不知道有什么)方法可以设想,这种前定的和谐从来不会被扰乱,人的身体这架机器会在人的一生这样长的时间内永远走着它原来的道路,而不管这些器官彼此之间互相作用有无限多的花样,更何况这些器官各方面又都围绕着无数的微粒,这些微粒时而冷时而热,时而干时而湿,永远都很活跃,永远以这样或那样的方式刺激着神经。我倒愿意认为器官的繁多及外界活动因素的繁多,是人身体变化的几乎无限的多样性的必要工具;但这种多样性能有这里所需要的那种准确性吗?它会永远不扰乱这些形体的变化和灵魂的变化之间的那种彼此呼应吗?这显得是完全不可能的。

[为什么这就那样地不可能呢?这得说出一个理由。这里所说的一切都只是夸大,这并没有增加那个困难,而只是使人对神的匠心更为赞叹。培尔先生恐怕得费点心来使他的驳难合乎格式。实际上,既然前定的和谐包括全宇宙和一切变化情状,而且每一事物都由之而一劳永逸地和其他一切事物相协调,那么很明显,偶然事物是很少能扰乱前定和谐的,正如很少能不受先见一切的上帝的天道普照一样。早先伊壁鸠鲁派曾宣称反对神的天道,其他一些哲学家与神学家也曾否认上

帝有对事物细节的知识和安排，他们都曾讨论过同一题材；他们都毫无理由地相信上帝的无限性不能大到能做到这一切。]

请注意，照 L 先生的说法，每一实体中能活动的，是一种应当被还原成真正的单元的东西。因此，既然每个人的形体是由多数实体构造成的，那么每一实体都应当有一种活动的本原，这种本原是和其他每个实体的活动本原确实截然有别的。他又要每个本原的活动都是自发的。这样就得使它们的后果变化多端以至无穷，并使它们被扰乱；因为邻近的形体的冲突必定会在每一本原的自然的自发性中混入某种强制。

[我同意这会使本原或真正单元的后果变化多端以至无穷，但并不认为这样就会扰乱这些单元或灵魂本身，或在它们的自发性中混入某种强制。形体的冲撞会使那些质料发生变化，但不能使灵魂或单子发生变化，这些灵魂或单子自发地遵循它们本身的道路，和在质料中所发生的一切情形相协调，而且表象着这一切情况。]

四、拿上帝的力量来做盾牌，躲在后面主张禽兽只是一些自动机，是徒劳的。表示上帝能够那样精致巧妙地制造机器，以至一个人的声音、一件东西的反光等等，都能适逢其会地对这些机器产生影响以使它们这样或那样地运动，这也是徒劳的。除了一部分笛卡儿派的人以外，每个人都会排斥这样一种假设。

[人们并不是以其为不可能而排斥它，只是觉得看起来事实上不像真的会这样而已。]

即使把这个观点扩展到人，就是说，即使主张上帝能够制造出一些形体，它们能够机械地做一切我们看见别人所做的事情，也绝没有一个笛卡儿派的人会接受这样的观点。

[笛卡儿派的人不会否认上帝能够造这样的自动机,只不过他不承认别的人实际上就是这样一种无生命的自动机而已。他将很有理由地断定他们是和他一样的。在我看来,它们都是自动机,不论是人的形体还是禽兽的形体,可是不论是禽兽还是人的形体也都是有生命的。因此不论像德谟克利特派那样的纯唯物论者,还是像柏拉图派及逍遥派那样的形式论者,都有一方面是对的,而其他方面是错的。德谟克利特的信徒认为人的形体和禽兽的形体都是自动机,都机械地行动,这是很有根据的;但他们又认为这些机器并不伴随着一种非物质的实体或形式,而且认为物质能有知觉 ,这则是错误的。柏拉图派及逍遥派认为禽兽与人都有有生命的形体,而他们的错误则在于认为灵魂改变了形体运动的法则;这样他们就否定了禽兽和人的形体是自动机。笛卡儿派否认这种灵魂对形体的影响倒是很对,可是他们又犯了不承认人是自动机及禽兽有感觉的错误。我认为我们应该让人和禽兽两者各有这两个方面,我们应该像德谟克利特派那样使一切形体的行动都是机械的而且独立于灵魂,我们也应该比柏拉图派更进一步认为一切灵魂的行动都是非物质的而且独立于机器。]

否认了这一些,我们并不认为就给上帝的智能规定了界限。我们只是要指出,事物的本性要求凡是给予被创造的东西的功能都是必然有某种限度的。创造物的行动是绝对地必须和它们的根本情况成比例的,因为遵照哲学家的公则,凡是所接受的都得和主体的能力成比例。

[培尔先生总是要回到那种给予形体使它适应灵魂的莫名其妙的功能。我们并不要求那样的功能,我们并不超出创造物的限度,也并不超出形体或机器的状况。神造机器的技巧并没有丝毫超出上帝智能之处。上帝既然知道一切可知的东西,也能做到一切可做的事情,他就知道人的这点有限的愿望;也就能够造一架可以满足这点愿望的机器。]

因此我们就可以摈弃莱布尼茨先生的假设,认为它是不可能的,因为它包含着比自动机更大的困难。

[如果自动机之说已被推翻,认为它不可能,这个论证也许是对的;但是相反的结论已经很明显,而且已为笛卡儿派所充分证实,这就只是一个程度上多少的问题,而对于一种无限的智能来说,这就不包含任何困难了。虽然人对抽象的、超出想象力的东西作推理,但他在想象力里同样还得有与之相应的一些像字母和符号那样的记号。从来没有一种理解力纯粹到丝毫不伴随任何想象。同样,在形体中也永远有某种机械的东西,由于可想象的东西进入其中而和人心中的思想系列确切相应,因此,他的形体这架自动机也就和禽兽的形体一样不需要灵魂的影响,或上帝的超自然的帮助。]

这个假设认为在两种彼此不起作用的实体之间有一种连续的和谐。

[为什么不这样呢?因为它们是从同一作者手中出来的,这位作者就是要造成并且能够造成它们相互协调而又彼此不起作用。]

但是即使仆人是机器,而每次都正好按主人的命令这样或那样地行动,这也并不是没有主人的实在行动影响到他们。他要说话,他要发信号,这些都实在地震动了这些仆人的器官。

[但也有许多仆人训练得很好,并不需要主人向他们发信号。他们能够先意承旨。例如钟表打点,闹钟打铃,就是这一类的仆人。它们根本不等我们给它信号,而是给我们信号。效法、模仿一个真正的仆人而制造出来的仆人,如我们以上所说的,甚至于用不着我们管它或给它上发条,像表或闹钟那样。制造它的那位伟大工匠都替我们准备好了。这样一个仆人就是我们的形体。]

五、如果我们这时再来看一看恺撒的灵魂,我们将发现更多的不可能性。这个灵魂是在这个世界上的,可是不受任何形体也不受任何心灵的影响。它从上帝那里所接受的力量,是它在每时每刻所产生的每一特殊行动的唯一本原;如果这些行动是彼此不同的话,这绝不是由于其中有些是由某些行动的动力的协同作用而产生的,这种动力对于别的一些行动的产生并没有贡献;因为人的灵魂是单纯的,不可分的,而且是非物质的。L 先生同意这一点,假使他不同意,假使他相反地和大多数哲学家,甚至和现在若干最卓越的形而上学家(例如洛克)一样认为一个由几部分物质的东西加以某种安排而组合起来的东西也能够思想,我将由此认为他的假设是绝对地不可能的,

[那么培尔先生到此为止还不曾认为它是不可能的。]

并且既然他承认灵魂的非物质性,而且在这上面建立起他的学说,就有许多别的方式表明可以驳斥它,这我在这里只指出就行了。

[说灵魂从上帝所接受的力是它的每一特殊行动的唯一本原,

并不足以充分解释其行动的理由。更好的说法是说上帝在每一灵魂之中都放进了一个世界的集中(une concentration du Monde),或依照适合这灵魂的观点而表象宇宙的力量,而这就是它的行动的本原,这就使它的行动和另一灵魂的行动有了区别。因为像这样推论下去,就会是它的行动将连续不断地有一些变化,表象着宇宙的变化,而别的灵魂有别的变化,可是彼此相符合。]

现在让我们回到恺撒的灵魂,用L先生自己的说法,把它称作一个非物质的自动机,而且让我们拿它和伊壁鸠鲁所说的原子来比较一下。我知道一个原子是各方面都为虚空所围绕,而且永远碰不着任何别的原子的。这个比较非常恰当,因为一方面这个原子有自行运动的自然性能,而且实施这种性能不用任何东西的帮助,也不受任何东西的阻碍或打扰;而恺撒的灵魂是一个心灵,有一种能够给自己以思想的功能,而且也能实施这种功能而不受任何别的心灵或形体的影响。没有任何东西帮助它,也没有任何东西打扰它。如果你考察一下普通的概念和秩序观念,你就会发现这个原子是应该永远不停止的,而且它既然在前一刻动了,在这一刻也应该动,而且在以后一切时刻都动,它的运动"方式"⑧也应该永远一样。这是L先生所证明的一条公理的推论后果,这条公理是说:"一个东西一旦如此,若无别的因素介入使之改变,它就永远如此。这样我们就可以得出结论(他说),不仅一个静止的形体将永远静止;而且一个运动的形体若不受任何阻挠,也将永远保持这种运动或变化,即保持同样的速度和同样的方向。"(见说明(四)第二段。——译者)每个人都清楚地认识到,这个原子不论是凭一种与生俱来的性能而自行运动,如德谟克利特和伊壁鸠鲁所主张的那样,还是凭一种从创造者那里获得的性能而自行运动,都将永远齐一地并同等地在同一条线上前进,不会有时候转向左或向右,或向后退。人们讥笑伊壁鸠鲁发明了那种倾斜运动;他毫无用处地假定这样一种运动,以便从万物命定的必然性那个迷宫中退步抽身,而不能给这个假设的新的部分以任何理由。他那假设的这个部分与我们心灵中最明确的概念相抵触,因为我们清楚地想到,要是一个原子遵循一条直线运动了两天,而在第三天的一开始要改变它的路线的话,就一定是碰到了某种阻碍,或者是有了某种欲望想要离开原来的道路,或者是在它之中包含着某种动力因,正好从这时开始发生作用。这三条理由,第一条在真空的空间中是不会发生的,第二条因为一个原子没有思想的性能,所以是不可能的。第三条在一个绝对单一的小形体中也是同样不可能的。

[在往下讨论之前,最好指明物质与灵魂之间的一个重大区别。物质是一种不完全的东西,它缺乏行动的源泉。当给它一个印象时,它就正好只包含那个印象,以及在那个时刻在它之中的东西。正因为这样,所以物质甚至不能自己保持一种圆周的运动,因为这种运动并不那么简单,可以说物质是记不住的。它只能记住在最后一刹那所发生的情况,或者毋宁说"推理的最后阶段"(in ultimo signo rationis)所发生的,也就是说它只能记得沿着切线的方向运动,而没有那种禀赋,能记得有规定要它从这个切线的方向转过来,以保持永远在圆周上运动。这就是为什么形体除非有某种原因强迫,否则即使已开始做圆周运动,也不能保持其圆周运动的理由。这就是

为什么一个原子只能学会单纯地循直线而行的理由，它就是这样愚蠢而且不完全的；一个灵魂或一个心灵就完全不同了。因为它是一个真正的实体或完全的东西，这是它的行动之源，可以说它记得（当然是混乱地记得）它以前的一切状态，而且受以前状态的感染。灵魂不仅像原子那样保持了它的方向，而且还保持了方向变换的法则或曲率的法则，这是原子所不能的，而且灵魂不像原子那样只有唯一一种变化，而是有无限的情状变化，每一变化都保持着它的法则。因为伊壁鸠鲁所说的原子虽然有部分，却是内部统一的东西，而灵魂虽然没有部分，可是由于对外物的众多表象，或毋宁说由于创造者放在它之中的对宇宙的表象，却包含着很多的花样，或毋宁说无数的花样。如果培尔先生考虑形体的*冲动*（conatus）与灵魂的冲动之间的这种区别，他也许就不会拿他在这里所作的这种伊壁鸠鲁的原子和人的灵魂的比较来反对我了；关于以上所说的这种区别，我在青年初期就已有过粗浅的想法，发表了一篇"物理学的假设"（Hypothese physique），（已故的朗丹先生（M. Lantin de Dijon）曾对它印象颇深，这在他给我的一封信里可以看得出来。）]

六、现在让我们把这一切都来应用一下：恺撒的灵魂是一个在严格意义上可称之为单元的东西。能给自己以思想，这种"功能"照L先生的系统来说是它的本性的一个属性。它之所以"具有"这种功能和"行使"这种功能都是受之于上帝。如果它给自己的第一个思想是一个快乐的感觉，

[我并不认为灵魂给自己最初的感觉。灵魂在被创造时就和

它的存在一起从上帝那里接受了这些感觉,因为它从开始就有了这些感觉;而在最初的感觉中它就已经潜在地接受了一切其他的感觉。]

我们看不出为什么第二个思想不会也是一个快乐的感觉,因为既然一个结果的全部原因仍然相同,结果就不会改变。

[全部原因在这里并非仍然相同。最初的思想包含着一种向别的思想的趋势。因为灵魂不仅有知觉,还有欲望。但是,它在趋向新的快乐的同时,有时也遇到痛苦。]

然而,这个灵魂在它存在的第二时刻并不接受一种新的思想功能,它只是保存了它在第一时刻的所有功能,而且在第二时刻是和第一时刻同样独立的,没有其他一切原因的协作,那么它在第二时刻应该产生和刚才所产生的思想相同的思想。

[决不;因为它趋向于按照欲望的法则变化,正如形体趋向于依照运动的法则变化一样。]

如果您反驳我说,它应该是处于一种变化的状态中,而不会是处于我所假定的状态中,我可以回答您,它的变化是和原子的变化相似的。因为一个连续在同一条线上运动的原子,在每一时刻都到达一个新的位置,但这个位置是和以前的位置相似的。因此,如果要灵魂总是处于变的状态中,那么只要灵魂产生一个新的,而且和以前相似的思想也就够了。

[我在以上已经解释过像原子那样的形体的变化法则和灵魂的变化法则之间的重大区别。而在灵魂的思想和原子的运动之间的区别本身就可以使您明白上述这话的意思。自发的运动在于一种在直线上运动的趋向;没有什么有这样统一的。

可是思想包含着一个实际外在的物质的对象，这就是人的形体，而这个对象是复合的，包含着很多的情状，由于这些情状它就和周围的形体发生接触，又由于这些周围的形体而逐步地和一切其他形体发生接触。灵魂对新思想的趋向相当于形体对新形状及新运动的趋向。正如这些新的运动可使对象从有秩序到无秩序，灵魂中的表象也可使灵魂从快乐过渡到不快。]

我们不要如此狭隘地坚持这一点，就让我们承认这些思想是有变形的，可是至少一个思想过渡到另一个思想，其中总得包含着某种亲和性的理由。如果我假定在某一时刻恺撒的灵魂看见了一棵既有花又有叶的树，我就可以设想（姑且假定一个被创造的心灵可以自己给自己以观念，虽然有许多理由使我们对此不能理解），它马上就会希望看到一棵只有叶子的树，然后又看到一棵只有花的树；而像这样它就会相继地自行造成若干彼此相生的影像。但是我不能想象在人的思想中很平常地常有的从白变成黑，从是变成否的变化，或从地下乱七八糟地跳到天上是怎样可能的。我不能理解上帝怎么能把我就要说到的那种本原放在尤里乌斯·恺撒的灵魂之中；他在吃奶时无疑有多次会被针刺了一下。如果照我们正在考察的这个假设来说，那么他的灵魂必定在连续两三分钟感觉到奶的甜味的快感之后，立刻就自己改变为一种痛的感觉。既然没有任何东西通知它准备变化，在实体中也没有任何新的事物发生，究竟是什么原动力决定了它使它打断快乐而一下给自己一种痛苦的感觉呢？如果您通盘考察一下这第一位皇帝的一生，您就会每一步都能找到比这更强有力的反对材料。

[就让我们通盘考察一下这里所说的一段话:当然从一个思想过渡到另一个思想,其中得包含某种联系或理由,这已经表明了。如果恺撒的灵魂只有清楚的思想,而且都是自愿地给自己这种思想,那么从一个思想过渡到另一个思想,就可能是培尔先生所提出的从一棵树到另一棵树的例子那样的情形。但灵魂除了有记忆的那些知觉之外,还有一大堆无限多的混乱的知觉,是它所不能辨别的,它正是用这些混乱知觉来表象在它之外的那些形体,而它之所以获得和以前的思想不相似的清楚思想,是因为它所表象的形体一下过渡到成为强烈地打动它的形体的东西。这样,灵魂有时就从白过渡到黑,从是过渡到否,而它却不知道是怎样过渡的,至少是以一种非自愿的方式过渡的。因为它的混乱思想及感觉在它之中所产生的,都被归到形体上去。因此,不必对此感到惊奇,即当一个人正吃着糖果而被什么虫子螯了一下时,他会不由自主地从快乐立刻过渡到痛苦。因为那个虫子在螯他之前,就已经渐渐地接近他,使他的形体受到感染了,而对此的表象也已使他的灵魂受到感染了,只不过感觉不到而已。然而,在灵魂中和在形体中一样,感觉不到的逐渐地成为感觉得到的了;这样,灵魂也就违反它的意愿而自行起了变化,因为它是它的感觉和混乱思想的奴隶,而这些感觉和混乱的思想是按照它的形体以及与它的形体相关的别的形体的状态造成的。所以这就是原动力之所在,由于这种原动力,有时快乐就被打断而继之以痛苦,而灵魂并不总是先得到通知或先有准备,就譬如一个要螯人而没有声音的昆虫,或者就像一只黄蜂,有时候因有别的事

情的分心而使我们没有注意到那只黄蜂飞来时的嗡嗡声。因此就不能说在这个灵魂的实体之中没有发生任何新的情况使它获得这种被螫的感觉;这是一种混乱的预感,或者更精确些说,这是灵魂之中表象出形体将受一螫时的准备情况的那种感觉不到的准备情况。]

七、如果我们作以下的假定,那么以上所说的有一些倒可以理解,这就是假定人的灵魂不是一个心灵而毋宁是一群心灵,其中每一个都有它的功能,正好随着人的形体中所发生变化的要求而开始和终结。这样我们就得说,有一种与一大套轮子和发条或骚动着的物质相类似的东西,依照我们这架机器的变迁而安排好,在这样或那样的时候把每个心灵的行动唤醒或使它睡着。但这样,人的灵魂就不是一个实体,而是一个 Ens per Aggregationem (凑合成的东西),是一种凑集,是一堆实体,完全和物质的东西一样。我们在这里是要找一个"单一的东西",它时而形成快乐,时而形成痛苦,诸如此类,我们并不是要找几个东西,其中一个产生希望,另一个产生失望,等等。

[培尔先生排斥这种灵魂的复合性是很对的,因为灵魂如果是一种堆集,它就是可毁坏的,可消散的。但我们也不需要灵魂是复合的,只要它的思想是复合的,并且包含着大量清楚地或混乱地被认识到的对象及情状就够了,而事实上经验使我们认识到这确实是这样的。因为灵魂虽然是一种单纯并且单一的实体,它却从来没有单纯并且单一的知觉。它总是在同一个时候有多个它所能记得的清楚的知觉,以及无数附着于这些清楚知觉的混乱知觉,这些混乱知觉的成分是它所不能辨

别的。这种思想的复合只要产生别的一些复合的思想，就不需要这样一群心灵。灵魂先前状态的每一部分的情状变化都对这同一灵魂以后的全部情状变化有所贡献，而且给它一种新的花样。]

以上所读到的这些观察都只是L先生使我有幸考察的那些观察的发挥。以下我将对他的答复作若干思考。

[所以到此为止，培尔先生所说的都只是他最初的驳难加深一层的说法，他在这里所谈的都是作为我还没有答复的。现在他开始来对我的答复再作答复了，我的答复刊登在1698年7月的《学者著作史》上，而应该被看作插在这里。]

八、他说：这种动物的实体的变化法则就在它的形体的连续状态发生中断时把它从快乐带到痛苦，因为这个动物的不可分的实体的法则，就是按我们所经验的方式而表象着在动物的形体中所发生的东西，甚至以某种方式表象着相对于此形体而言在宇宙中所发生的一切。⑨这些话是这个系统的基础的很好说明，可以说是这个系统的关键和钥匙；但同时这些话也正是认为这个新假设不可能的人所提出的驳难的观点。他对我们所说的这种法则假定了上帝的律令，并指明了这个系统与偶因系统之间的相同之处何在。

[我认为并非一个灵魂的情状变化系列的法则是上帝的一个简单的律令，而是在于灵魂本性中的律令的结果，就像是铭刻在它的实体中的一条法律。当上帝把一条法则或要做的行为的规则放在一个自动机中时，他并不以为用他的律令给它一道命令就够了，而是同时还给它一种执行这种命令的方法或

手段，这就是铭刻在它的本性或构造上的一条法则。他给它一种结构，凭这种结构上帝所愿意或允许该动物去做的一切行动就都会自然地依次产生了。我对于灵魂也有同样的观念，我把灵魂看作一个非物质的自动机，它的内部构造是一个物质的自动机的一种集中或表象，而在这个灵魂中以表象的方式产生出同样的结果。]

这两种系统在这一点上是一致的，即两者都认为有一些法则，依照这些法则，人的灵魂应当照我们所经验的方式表象在形体中所发生的东西[10]。他们之间的分歧在于执行这些法则的方式。笛卡儿派认为是上帝执行这些法则，L先生则想让灵魂自己执行。这正是在我看来似乎不可能的，灵魂没有要执行这种工作所必需的工具。不论上帝的智能如何无限，他总不能用一架缺了某一块的机器来做正要求这一块来协同工作的事情。这就得由他来补足这个缺陷，而在这种情形下，就是上帝而不是那架机器产生这个结果了。让我们来表明灵魂没有执行他所说的神圣法律所必需的工具，而且让我们用一下比喻。让我们凭空设想一个上帝所创造的动物，并且命定要它不停地唱歌，那么它就将永远唱歌，这是不容置疑的；可是如果上帝又决定给它一个乐谱，这就得由上帝把这个乐谱放在这个动物的眼前，或者把它印在这个动物的记忆之中，或者给这个动物的肌肉安排好，使它照着机械法则就能一个音跟着另一个音出来而又正好符合那个乐谱。我们不能设想，如果不是这样，这个动物怎么能够一直和上帝所记的音符相合。

[我们只要设想教堂或歌剧院雇来在一定时候唱歌的人就够了；他在教堂或歌剧院里有一本歌本，其中记好了哪一天哪个

时候他该唱哪一段音乐或哪一个乐谱。这个人在唱歌的时候,把歌本打开,他的眼睛受歌本的指引,而他的舌头和喉咙则受眼睛的指引,但他的灵魂可以说是凭着记忆,或凭着某种等于记忆的东西而歌唱的;因为既然歌本、眼睛和耳朵都不能影响到灵魂,它就一定是自己找到它的脑子和器官借歌本的帮助而找到的东西,而且应该是毫不费力的,也不必专心致志去寻找那脑子和器官所找到的东西。这是因为他所相继照着唱的一本甚至许多本歌本中的一切乐谱,都在灵魂存在之初就已潜在地铭刻在他的灵魂中了;正如这种乐谱在人们实际作成各首乐曲并把它们合成一个本子以前就已经以某种方式被铭刻在它的物质的原因上一样。但是灵魂并不能察觉到它,因为它是包含在灵魂的一些混乱的知觉中的,这些混乱的知觉表现着全宇宙的一切细节。而它只有在它的器官为这个乐谱的音符所明显地打动的时候,才能自己明确地察觉到它。]

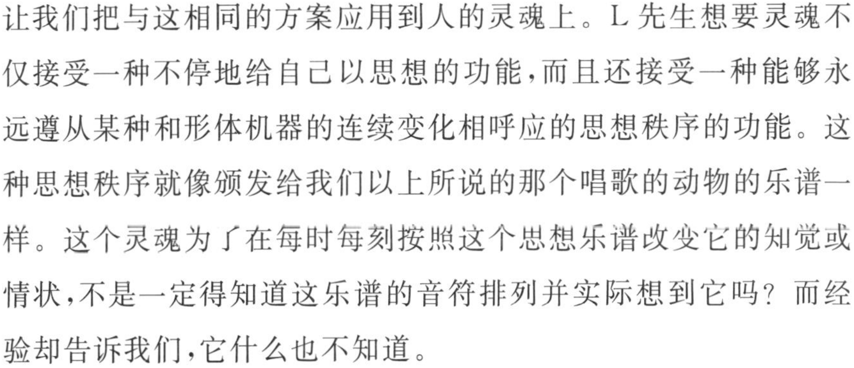

让我们把与这相同的方案应用到人的灵魂上。L 先生想要灵魂不仅接受一种不停地给自己以思想的功能,而且还接受一种能够永远遵从某种和形体机器的连续变化相呼应的思想秩序的功能。这种思想秩序就像颁发给我们以上所说的那个唱歌的动物的乐谱一样。这个灵魂为了在每时每刻按照这个思想乐谱改变它的知觉或情状,不是一定得知道这乐谱的音符排列并实际想到它吗?而经验却告诉我们,它什么也不知道。

[我已经不止一次地指出,灵魂做的许多事情是自己不知道怎么做成的,因为它做这些事情时是凭着混乱的知觉及感觉不

到的倾向或欲望，这些往往多得不计其数，并因而为灵魂所不能察觉或清楚地加以辨别的。我们的知觉从来都不会是完全单一的，像一条直线所能够是的那样；它们总是披盖着某种失去可感觉性质的东西，它里面包含着某种混乱的东西，即使当知觉清楚时也是这样。正是这样，对颜色的观念是清楚的；而且能使人清楚地注意到。但它们是混乱的，因为颜色的混合不能被人对颜色的感觉所发现。对颜色的观念内部实际上包含着某种刺激它们的发光的东西、它们所来自的对象，以及所经过的地点。它们应该感觉到所有这一切，并由此而感受到使它们穿过的地点显得错综复杂的无数东西，正如水永远会受到它所流过的河床的一些影响一样。我在别处曾经指出过对谐音或噪音的和谐与不和谐的混乱感觉，在于一种隐秘的算术关系。灵魂数着振动中的发音体的节拍，当这种节拍有规则地和音程相合时，它就感觉愉快。灵魂就像这样数着而并不自知。它还像这样做了无数别的很准确的小动作，虽然这些都不是自愿的，也只有到了最后有明显的结果才被知道，最后给了我们一种感觉，这种感觉是清楚的却也是混乱的，因为它的来源我们完全不能察觉到。这里必须用推理来补足它的来源，就像在音乐方面所做的那样，在音乐上我们已经发现了使音成为和谐的比例。]

灵魂既然没有这种对它所做的事情的知识，它不是至少得自己有一串特殊的工具，其中每一个都分别成为这样或那样一个思想的必要原因吗？不是一定得把这些工具安置好，使之一个接一个地依照形体机器的变化和灵魂的思想之间的前定的符合而起作用吗？而一个单纯不可分的非物质实体，决不能是依照所说的乐谱的次序而先后排列起来的无数特殊工具所复合而成的。因此灵魂不可能执行这种法则。

[培尔先生的最后的驳难到此为止；他自己已经把我的答复结合进去了，而且似乎已经承认它是值得赞许的，很可以解决困难。因为我实际上先已答复，灵魂是具有培尔先生所要求的这些工具，并照必要的情形这样安排好了的。但是这些工具绝不是物质的。它们正是那些在先的知觉，由欲望的法则而产生出在后的知觉。且看下面培尔先生对这方面所说的意思。]

L先生认为灵魂不能清楚地知道它将来的知觉，但它们却能模糊或混乱地感觉到。而且在每一实体之中都有一切在它之中曾经发生过以及将要发生的事的痕迹。但这种知觉无限多，以致我们不能把它们区别清楚。⑪但是有什么办法来设想这种在一个不可分的、单纯的、非物质的实体之中的这些痕迹呢？

[我们这里所说的痕迹是指一些标记，它们能够是非物质的，就像关系、表现、表象，以及由之而可知过去原因的结果或由之而可知未来结果的原因。而既然在这个同时知道很多东西，更感受到无数东西的灵魂的现在状态中，有极多的花样，而且这些现在的花样是过去状态的花样的一个结果，也是未来状态的花样的一个原因。我们认为可以把它们叫做过去和未来的一些痕迹，在这些痕迹中，一个有足够洞察力的心灵是能够分别认清它们的；不过我们的洞察力到不了这种程度。]

L先生接着又这样说:每一实体现在的状态是它先前状态的自然后果。灵魂尽管是单纯的,却永远有一种许多知觉所同时构成的感觉;这种说法对于我们的目的来说,是和说灵魂像机器一样是复合而成的一样可行的。因为每一在前的知觉都对随后的知觉有影响,并符合一种秩序的法则,在知觉中有这种法则,正如在运动中也有这种法则一样。……既然同时一起在灵魂中的那些知觉都包含着真正无限多的无法彼此区别的微小感觉,后来当可发展出来,这就丝毫不应奇怪,后来随着时间发展,其结果会有无穷的花样。所有这一切都无非是灵魂能表象的本性所产生的后果,它必然会表现出在它的形体中所发生的,甚至将来要发生的一切,而且由于宇宙中所有各部分都有联系或呼应,也以某种方式表现出在其他一切形体中所发生的情形。[12] 对于这段话,我没有很多需要答复的。我只想说,这个假设要是很好地加以发挥,是真正可以解决一切困难的方法。L先生以他伟大天才的洞察力,已能很好地把握这个驳难的广度与力量,以及补救其主要不当之处的根源何在。我深信他将会把他的系统中可能最粗糙之处磨光,而且将能告诉我们关于心灵本性的极优良的东西。没有人能比他在理智世界中更有用更稳当地作了旅行。我希望他那完美的说明能把到此为止在我的想象中表现出来的一切不可能性一扫而光,而且能确实地解决我所提出的困难和弗朗索瓦·拉弥在1699年巴黎出版的论自我认识的第2篇(第225—243页)中所提出的困难。在这种希望之下,我才可以并非阿谀地说,他的系统应当被看作一个有结果的收获。但愿他不要因为不愿像笛卡儿派的假设那样,只有一条一般的法则来联系所有的心灵,就要上帝给每个心灵一条特殊的法则，由于这种特殊的法则的结果，每个心灵的原始构成似乎就和别的一切心灵在种类上不同了。从来没有两个人有同样的思想，我不说一连整个月，甚至在两分钟之内也不同；那么思想的本原就得在每个人之中有一条规则及一个特殊的本性了。但是，圣托马斯的信徒们不是说天使在本性上有多少个体就有多少种类吗？

［以永远一致的方式，而且基于同一个原则，细心地、精确地、逐段地对培尔先生的困难作了答复之后，我希望已经把在他看来粗糙的地方都磨光了，而他自己似乎最后也很像准备放弃他的驳难了。我在别处已经答复了弗朗索瓦·拉弥所提出的困难，那无非是一些误解。最后，我的全部系统归到了这里，就是每个单子都是宇宙的一个集中，每一心灵都是对神性的一种仿效。对于上帝来说，宇宙不仅是集中，而且还是一种完全的表现；而就每个被创造的单子而言就只有一部分清楚地表现出来，而其清楚表现的程度与灵魂的优劣相应，至于其余的无限部分就只是模糊或混乱地表现出来。但是，对于上帝来说，他不仅有宇宙的集中，而且有宇宙由来的根源。他是其余一切由以流出的原始中心，而如果某种东西是从我们之中流出到外面，那它就不是直接流出，而是由于那种首先愿意使事物合乎我们的愿望的东西而流出的。最后当我们说每一单子、灵魂、心灵接受了一条特殊法则时，我们还得补充一句说，这条法则只是规范着全宇宙的一般法则的一个变型（variation）；这正像同一座城市由于从不同的观点去看它而显得不同一样。因此，并不是照我的说法就得人的灵魂彼此间在种类上不同，而情况毋宁是相反，因为绝没有两片叶子、两

个鸡蛋、两个形体会彼此完全一样，虽然它们是属于同一种类的，而我们所不能从一个概念去了解的那些无数的花样，构成别的一些个体，而不是别的种类。最令人叹为观止的，是那无上的智慧找到了一种方法，用一些能表象的实体把这个世界同时变成无限多的花样，因为这个世界既已经在本身之中有了无限多的花样，而又再像它那样加以变化，并且用无限的不同表象错综复杂地把它表现出来，这样它就接受了一种无限的无限，而不能再好地与它那无以名状的作者的意向及本性相呼应，这位作者在圆满性上超过了人所能想到的一切。]

注　释

① 本篇为E本中所无，先前也从未发表，为格哈特从莱布尼茨的原稿堆中整理出来，收入《莱布尼茨哲学著作集》中的。原文见G本第4卷第524—554页，原标题为本篇译文的副题。作为正文的各段为培尔《辞典》中的原文，低两格及用方括弧标明的为莱布尼茨的按语。

② 指莱布尼茨。

③ 见说明(三)注⑫。

④ 即说明(四)。

⑤ 见以下说明(七)注②。

⑥ Joh. Christoph Sturm，阿尔多夫(Altorf)大学教授，其余不详。参见“论自然本性”篇。

⑦ 即“论自然本性”篇，见本书附录。

⑧ 原文为 matiere (物质)，疑有误。莫里斯有此段的英文译文，译为

manner,现据此翻译。

⑨ 说明(四)第二段末。

⑩ 参阅同上。

⑪ 见同上第七段末。

⑫ 见同上第八、九段。

新系统说明(六)[①]

——对培尔先生在第二版《批判辞典》"罗拉留"条下关于前定和谐系统的再思考的答复(1702)

我在巴黎《学者杂志》(1695年6月和7月)上登了几篇小论文,讨论一个新系统。这个系统我认为可以用来解释灵魂与形体的联系,在这个系统中,我没有采取经院学派那种相互影响的方式,也没有采取笛卡儿派那种上帝协助的方式,而采用了前定和谐的方式。培尔先生设法给这些最抽象的思想以一种为吸引读者注意起见所必需的装饰,同时在发表它们时又使它们更精深,他很想通过他登在他的《辞典》"罗拉留"条下的思想使这个系统更丰富;可是因为同时牵涉到一些困难,他认为需要加以说明,我就尽力在1698年7月的《学者著作史》中满足了他的愿望。[②] 培尔先生在他的《辞典》第二版同样在"罗拉留"条下(pag. 2610 lit L)又对我的答复作了再答复。他诚实地说我的答复已经进一步发挥了这个题材,而如果"前定和谐"这一假设的可能性经过很好地证明以后,则他宁取这假设而不采取笛卡儿派的假设就将没有什么困难,因为前一假设给了造物主以一个崇高的观念,而排斥了(在自然的通常过程中)一切奇迹行为的概念。但是他似乎还觉得很难设想这种前定和谐是可能的;而为了使人看清这一点,他一开始就提出一种他认为比这容易,而人们却可以看出它做不到的事情,这就是他把这个假设同一条船的假设作比较,假设一条船没有人驾驶,而能够自己开到要去的港口。他在这里说,人们会同意,上帝的无限是不会大到能给一条船这样一种功能的。他并不宣称这事绝对不可能,但是他断定别人会相信不可能;因为“您自己也甚至会说”(他又说)“船的本性是不能从上帝接受这样一种功能的”。也许他认定照所讨论的这个系统,是得想着上帝为了达到这个结果就须给船一种经院学派所说的功能,就像经院学派中人给予重的物体使它们向着中心的功能那样的。如果他所了解的功能是这样的,我就要第一个摒弃这样的假定;但是如果他把这种功能理解为这条船可以用机械规则、内在动因及外在环境来解释的功能,而他仍然排斥这种假设,认为它不可能,那么我就要请他说一说这一判断的理由。因为虽然我并不像培尔先生所设想的,需要完全像这条船这样的东西的可能性,像以下将要指明的那样;但是我的确认为,仔细地考虑一下就可以发现,且不要说这样的事对于上帝决无困难,就是一个有限的心灵似乎也能有这样的技巧来达到这样的目的。毫无疑义,一个人也能够造一架机器,让它在若干时间内在一个城市里面行走,正好在某几个街角转弯。一个无比地更完全的心灵,即使还是有限度的,也能够预先见到并避免无比地更多的阻碍。这是很正确的,如果这个世界真的像有些人的假设那样,只是由有限数目的原子组合而成的,这些原子都依照机械法则运动,则当然,一个有限的心灵就可以高到能够了解并以推论方式预见到在一特定时间内所当发生的一切,以致这个心灵不仅能制造一条船,事先给它安排好转弯、方向,以及一切必要的动力装置,使它单

独地行驶到一个指定的港口，而且还能造成一个东西，完全能模拟一个人，因为这只有程度上的差别，就可能性的领域而言并无丝毫改变。而且不论一架机器的功能多到什么程度，工匠的能力和技巧总可以按比例增加，因此如果没有看到这种可能性，就是还没有足够地考虑到事物的程度。诚然这个世界并不是由有限数目的原子组合成的，而毋宁说它像一架机器，其所构成的每一部分都包含有真正无限数目的动力装置；但同样真的是，这架机器的制造者兼管理者更无限地圆满，因为在他的理智中有无限多可能的世界，而他在其中选出了他所喜欢的。然而回到有限的心灵来，我们可以从有时在我们之中可以找到的小的“样品”而判断那些我们不认识的人能达到怎样的程度。例如有些人就能很快地单靠在思想中作很大数目的算术上的计算。蒙哥尼先生(M. de Monconis)就提到过在他那时候意大利就有这样一个人，而现在在瑞典也有这样的人，他甚至没有学过普通算术，而我希望你不要忽略了好好地试探一下他那种进行计算的方式。而人，不管他怎样了不起，比起那么些可能的甚至存在着的创造物来，又算得了什么呢？譬如那些天使或精灵，他们就可能在一切理解及推理方面都超过我们，而且无可比拟地远远胜过那些具有天生数学奇才的人在关于数的问题上超过我们的程度呢！我承认常人是不会考虑到这些的；在须想到不寻常的事物，甚至在我们之中找不到例子的事物的场合，别人一反驳，就使他晕头转向了。但是当我们想到宇宙之大及其中种类之多时，我们就会完全不同地判断。培尔先生尤其不能不看到这些后果的正确。诚然我的假设并不依靠这一点，如我马上就将指出的那样；但是即使是依靠这一点，即使人们有权利来说它比那种自动机的假设更令人惊奇(我在下面将指明这一点,这个假设只能在好地方和坚实的地上才能生长),假定没有别的方法可以用来合乎自然法则地解释事物,则我就并不因此而惊恐。因为在这些事情上不应该自限于通俗的概念,而把确定的结论让位于偏见。此外,一个哲学家反对这种自动机,不应是这种假定的令人惊奇之处,而应在其原则的错误或缺点,因为到处都应有“隐德莱希”;而以为只有人类的形体才有这种“隐德莱希”实在是小看了自然的创造主(他尽其可能地复制了他的小世界,或他的不可分的活动的镜子)。甚至不可能不到处都有“隐德莱希”。

到此为止我们还只是谈到有限的实体能够怎样;但是对于上帝则完全是另外一回事,非但不是起先那样显得不可能,而竟实际上是如此,毋宁说上帝是不可能以别的方式运用他的智能的,因为他作为上帝既然有无限的能力和智慧,而且在一切方面都保持所有可能的秩序与和谐。尤有甚者,那种脱离开来孤立地看觉得很奇怪的东西,其实都是事物的构造的确定的后果,以致那普遍的令人惊奇的东西使那种特殊的令人惊奇的东西不再是令人惊奇的,而且可以说是吸收或吞没了那种特殊的令人惊奇的东西,因为这种普遍的东西说明了这种特殊的东西的理由。因为一切都是这样被规定好并联系好了的,以致自然界的这些机器可与那些虽历经转折风波却能自行到达港口而决无失误的船相媲美,就像沿一线索而行的火箭或顺河床而流的水一样,不应该被认为比这更奇怪。此外,形体既然不是不可再分的原子,而是可分的并实际被分成无限多部分的东西,而且既然一切都是充满的,因此最小的形体也都分别地接受了一切其他形体的最小变化的某种印象,(不管其他形

体隔得多么遥远而且微小,)因而应当是宇宙的一面准确的镜子。这样就使得一个有足够洞察力的心灵因此而能够随着它洞察的深远程度而在每一极小的微粒中看到并预见到在这微粒中所发生的和将发生的一切,以及在任何地方,不论在此微粒之内或之外,所发生的和将发生的情形。所以,无论任何事情,即使是由周围形体的冲击而发生的,都无不是由那已在它之内的东西而来的,而且无论什么都不能扰乱它的秩序。而这种情形在单纯的实体或能动的本原本身尤为明显,这种能动的本原我用亚里士多德的名称称之为原始的隐德莱希,在我看来它是不受任何干扰的。这段话可以答复培尔先生在第 2612 页(lit. b)的一条边注。在那里他反驳我说,一个有机的形体既然是"由多个实体组合而成的,其中每一实体都有一种活动本原,实实在在地和其他每一实体的本原都不同,而且每一本原的活动既然都是自发的,这样就应该使其结果的花样多至无限;而邻近形体的冲击应该在每一本原的自然的自发性中混入某种强制"。可是得考虑到,每个东西都是在任何时候都已经和别的一切相适应,而且自己适应着别的东西对它的要求而行事的。因此实体所受的强制只是外在的,而且只在表面上是如此。的确,不论我们在世界上取任何一点,它的运动都是在一条特定的本性的线上完成,而且这一点一旦取了这样一条线,就永远是这样,任何东西都不能使它离开。而我相信这道理对于懂几何学的人来说能够说得更准确明白,虽然像这一类的线是无限地超出了有限心灵所能理解的范围。诚然,如果世界上就只有这一个点,那么它所取的这条线就是一条直线,而现在,它由于机械法则而受一切形体的协同作用的制约,同时也正由于这种协作,它乃是前定的。因此我承认自发性并不真正在质料之中(除非是拿宇宙整个地来看,对于整个宇宙来说,是没有任何东西抵抗它的);因为如果这个点能够一开始就单独存在,它就不会在这条前定的线上继续运动,而是在正切线上运动。所以,在“隐德莱希”(对于“隐德莱希”而言,这个点就是它的观点)之中才真正有这种自发性,而且不是像那个点那样,因为可以说没有记忆,也没有预感,所以单凭它自己就只能有在“和这种前定的线相切的直线”③上运动的趋向,而“隐德莱希”则表现出了这条前定的曲线本身,周围的形体既然不能对这个“灵魂”或“隐德莱希”有任何影响,那么在这种意义上对它来说是不受任何冒犯的,虽然人们所称的冒犯,就灵魂有混乱的并因而是非自愿的知觉而言,是仍然会发生的。而所有这一切毕竟使我们看清了,一切令人惊奇之处,如无人驾驶而能自行到达港口的船,或能做人的事情而没有心智的机器,以及不知多少还可以提出来反驳的别的虚构的东西,似乎显得我们的假设若孤立地看是难以令人置信的,但所有这一切令人惊奇之处都不再是困难;并看清了当我们想到事物是被决定了或倾向于它所应当做的事情时,人们所发现的一切令人奇怪之处都完全消失了。在恺撒的灵魂中,一切使他行事的野心或别的情欲都在他的形体中也已表象出来,而所有这些情欲的运动,都是从对象的印象加上内部的运动而来的;而形体被造成为这样的:灵魂每采取一个决定,都必定有形体的运动与之相应,即使最抽象的推理也都有形体运动的作用用一种记号在想象力中表象出来。总之,在形体中所发生的一切,对现象的细节来说,都像那种遵循伊壁鸠鲁和霍布斯的说法认为灵魂是物质的人的坏学说是真的一样;或者好像人本身就只是形

体或自动机。同时这些唯物论者把那种在笛卡儿派只认为在一切别的动物才如此的情形也推到人身上，因为他们使人以为人的整个理性实际上毫无作为，理性在形体中只不过是一种影像、情欲及运动的作用而已。要想证明相反的一面是自贬身价，而要走这条斜路只是为错误准备取胜之道。笛卡儿派想要灵魂不能给形体以运动，然而却能改变其运动的方向，④是一个巨大的失败（有点像伊壁鸠鲁的“倾斜说”，西塞罗对这个学说作了绝妙的嘲笑）；但是两者都是不可能也不应该如此的，而唯物论者也没有求助于这种学说的必要，以致在人的外面所表现的一切都丝毫不能排斥他们的学说，这就足以用来建立我的假设的一部分了。有些人为笛卡儿派指出，说他们以那种方式证明禽兽只是一些自动机，其结果甚至使有的人借此说，除了他自己之外，一切别的人从形而上学的意义说可能也都是一些单纯的自动机；这些人所说的，正好而且恰当地就是我的这个假设中关于形体的那一半所需要的。但是除了这些建立单子——单子所组合成的东西只是结果——的原则之外，内心经验也排斥这种伊壁鸠鲁派的学说：是在我们之中的这个“自我”的意识才明白地察觉到在形体中所发生和经历的事物；而那种不能以形状及运动来解释的“知觉”就建立了我这假设的另一半，而使我们认清了在我们之中有一种不可分的实体，它本身应当是它的现象的根源，以致照我的系统的后一半说，灵魂中的一切所作所为都好像形体不存在一样；正如照前一半说，形体中的一切所作所为都好像灵魂不存在一样。理性要求我们断定，别的人也和我们有同样的长处。此外我常常指出，在形体中虽然现象的细节有机械的原因，但对机械法则与实体的本性的最后分析，使我们最终还得求助于不可分的能动本原;而在其中所发现的令人惊叹的秩序使我们看到了有一种普遍的本原存在,具智慧与能力都是至高无上的。由于伊壁鸠鲁这种错误而且恶劣的学说中也有好的而且坚实可靠的地方,这就是可以不必说灵魂改变了在形体中的趋向;因而也很容易断定,同样不必用经院学派的办法要物质用那种莫名其妙的荒诞的影响来把思想传给灵魂,也不必像笛卡儿派心目中所想的要上帝永远在灵魂旁边向它解释形体,或向形体解释灵魂的意愿,"前定和谐"作为很好的传译把两个方面沟通了。这使人看到了伊壁鸠鲁和柏拉图的假设的长处分别何在,最大的"唯物论者"和最大的"唯心论者"在这里会合起来了;而这里也就更没有令人惊奇之处,只除了那最高本原的无上圆满性,现在在它的作品中显出了超乎迄今所能想到的一切之外。既然一旦假定一切都是完全设想好了的,一切东西就都是步调一致并且为一人所指挥的,那么一切都进行得很好,而且很恰当,这又有什么令人惊奇的呢?假使这艘决定了要它好好行驶的船,假使这架要走的路线都已规定好的机器能不管上帝所采用的一切步骤而竟有失误,这倒是一切令人惊奇的东西中最令人惊奇的,一切荒谬的东西中最荒谬的呢!"因此不应该把我们这个假设中所说的形体的质料与一艘自行行驶抵达港口的船相比",倒是应该与那种按照一条穿过江河的航线而有一定航程的船相比。这就像舞台上的机关布景以及放焰火一样,当我们知道了一切都是怎样地布置好了的之后,就不再觉得它的准确巧妙有什么奇怪了;诚然我们是把对作品的赞叹转移到对它的发明者,正如当我们现在明白那些行星并不需要一些"精灵"来引导它们怎样运行时一样。

到此为止我们所讲的几乎都是对于形体或物质方面的驳难，除了觉得在形体中能彼此一致并与灵魂一致应该是很令人惊奇，但却很美而且有规律、普遍之外，他并没有提出别的困难；而我认为这对于一位像培尔先生一样也承认神的技艺应该有其应当有的智慧与能力，而且也承认丝毫不能想象谁还能给造物主的智慧与能力这样崇高的一个观念的人来说，毋宁应该认为是一个证明，而不是反驳。现在应该来讲灵魂了，在我说了那些话而解决了前面的困难以后，培尔先生还在灵魂方面发现有困难。他一开始就把这样一种单独隔离的、不从外部接受任何东西的灵魂，和伊壁鸠鲁那种周围全是虚空的原子作比较；而其实我则是把灵魂或毋宁说“单子”看成实体的原子，因为在我看来，自然中并不存在物质的原子，因为物质的最小的微粒其实还是包含有一些部分的。而像伊壁鸠鲁所想象的原子，既然有一种运动的力，给它一个一定的方向，假定不碰上任何别的原子就会无阻碍地并且齐一地作它的这种运动。灵魂也一样，在这样一种状态下如果没有任何东西从外部使它变化，则如果首先接受了一种快乐的感觉，那么照培尔先生看来似乎它就应该永远保持这样一种感觉了。因为当全部原因不变时，结果也应该永远不变。如果我反驳说，灵魂应该是被看作在变化的状态中的，因而全部原因并非保持不变，培尔先生就回答说这种变化应该和一个原子的变化一样，它是连续不断地在同一条（直）线上以齐一的速度运动的。而当他承认（他说）思想可以有转变时，至少在我所确立的从一个思想到另一个思想的过渡中应当包含某种亲和力的理由。我仍然赞同这些反驳的基础，我自己也用它们来解释我的系统。灵魂的状态和原子的状态一样，是一种变化的状态,是一种趋向:原子趋向于变化位置,灵魂趋向于变化思想;两者本身都以一种它的状态所能允许的最单纯最齐一的方式变化。那么(他可以说)是什么使得原子的变化这样单纯,而在灵魂的变化中有这样多的花样呢?这是因为原子(姑且假定那样,虽然自然中并没有那样的东西)虽然也有部分,但没有什么东西能使它在趋向中变出花样来,因为人们假定,这些部分并不改变彼此间的关系,而就灵魂而言,尽管它不可分,但它包含着一种复合的趋向,这就是当下有许多的思想,其中每一个思想都遵循它所包含的倾向而趋向于一种特殊的变化,而且这些思想由于各自和世界上其他一切事物的本质关系而同时一下都在每一思想中。同时也就由于缺乏这种关系,再加上其他一些理由,因而自然中不能有伊壁鸠鲁的这种原子。因为每一事物或宇宙的每一部分都应该标志着一切别的东西或部分,以致灵魂就其变化的花样繁多而言应当可与它照本身的观点所表象的宇宙本身相比,甚至在某种方式下可与上帝相比,对于上帝而言,灵魂是有限地表象它的无限性(由于它对无限的混乱和不完全的知觉),而不该与物质的原子相比。快乐的思想貌似单纯,其实并非如此,如果有人加以解剖,应当可以发现它实际上包含着一切在我们周围的东西,而且推下去还包含着我们周围的东西的周围的东西。而灵魂中思想变化的理由是和它所表象的宇宙中的事物变化的理由相同的。因为在形体中发展的机械理由在灵魂或"隐德莱希"中重新组合起来,而且可以说是集中起来了,并且甚至在其中找到了它们的根源。诚然一切"隐德莱希"并非都像我们的灵魂一样是上帝的影像,并不是所有"隐德莱希"都被造成为以上帝为首领的一个社会或国家中的成员;但

是它们永远是宇宙的影像。这些都是各以其本身的方式表现出来的具体而微的世界；是丰富的单纯；是实体的单元，但由于其情状变化的繁多而潜在地无限；是一些中心，各表现着一个无限的周缘。它们必然会这样，正如我以前在与阿尔诺先生的通信中已经解释过的那样。而它们的绵延也和伽森狄派的原子的绵延一样不应使任何人困惑。此外，正如柏拉图《斐多篇》中苏格拉底在讲到一个搔痒的人时所指出的，从快乐到痛苦常常只是一步跨过的(extrema gaudii luctus occupat)。因此对于这种过渡丝毫不必惊奇⑤；有时快乐似乎只是若干小的知觉的一种组合，其中每个知觉如果是大则都可能是一个痛苦。

培尔先生已经承认，我已尽力回答了他的大部分驳难；他也考虑到，在偶因系统中是要上帝来实施他自己的法则，而在我们的系统中则是由灵魂来实施；但是他反驳我说灵魂没有做这样一种工作的工具。我的答复是，而且已经答复过，它有，这就是当下的思想，从当下的思想就生出了以后的思想；而且我们可以说，在它那里如在别的任何地方一样，现在是孕育着将来的。我相信培尔先生将会同意，而且一切哲学家也会和他一样同意，我们的思想绝不是单纯的；而对于某一些思想，灵魂有能力自己就从一个过渡到另一个，就像它能从前提到结论或从目的到手段一样。马勒伯朗士神父自己也同意，灵魂有一些内在的自愿的行为。而有什么理由不许它的一切思想都这样呢？这也许是因为他以为混乱的思想和清楚的思想是种类上根本不同的，而不以为混乱的思想其实不过是因为其多因而比较不易辨明、未经发展而已。这样一来，他就以为形体中有某些可以称之为非自愿的运动，灵魂中没有任何东西与之相呼应。相应地,他也就以为某些抽象的思想不会在形体中表象出来。但是这两个方面都有错误,正如作这一类区别通常要犯错误一样,因为他只注意到了表面上最明显的现象。最抽象的思想其实也需要某种想象作用。而当我们考虑到什么是混乱的思想(它们都从来不会不伴随我们所能有的最清楚的思想的),如色、香、味、热、冷等等时,我们知道它们永远包藏着无限,不仅包含在我们形体中所经历的,而且也包含通过以它为媒介而在别的地方达到的一切;这些混乱思想在这里比培尔先生所说的那种实体的"群"(légion)更合乎我们的目的,来作为对于我给予灵魂的功能似乎是必要的一种工具。诚然灵魂有这些实体的群供它使用,但并不在它本身之内。因为没有一个灵魂或"隐德莱希"对于无数进入它的器官中的别的灵魂或"隐德莱希"不是处于支配地位的,而且灵魂从来都不会没有某种有机的形体适合于它当下的状态。所以就是这些当下的知觉,以及与外界相适合而变化的一种规定好了的趋向,形成了这种作为它的功课的音乐乐谱。但是(培尔先生说)这种灵魂不是一定得(清楚地)知道这个乐谱音符的排列并(因而)实际想到它吗?我回答说,不,它只要把这些音符包藏在它的混乱的思想中就够了,正如灵魂在记忆中包含有千百种事物而并不清楚地想到它们一样,否则,如果它清楚地知道它所包含着的全部无限宝藏,那么一切"隐德莱希"就都是"上帝"了。因为上帝是同时一下完全地表现一切,不论可能的还是实际存在的事物,也不论是过去的、现在的还是将来的事物。他是一切的普遍根源,而被创造的单子则是在创造物可能模仿的范围内尽量地模仿着他。他把它们造成为它们的现象的根源,这些现象包含着对一切的关系,

但随着这些实体中每一个的圆满程度而较清楚或较不清楚。这种说法的不可能性在哪里呢?[为了使创造物在合理地可能的范围内接近上帝,这似乎毋宁是应该这样的。][6]我倒要看看有什么积极的论证可以引到某种矛盾,或引到与某种已得到证明的真理相对立。说这很令人惊奇,这并不成为一个反驳。相反,一切承认非物质的、不可分的实体的人,都承认它们同时一下有许多的知觉,以及在它们的推理和自愿行动中有一种自发性。因此我只是把自发性扩充到混乱和非自愿的思想,并指出了它们的本性就是包含着对一切外在的东西的关系。怎么能证明这样是不可能的,或证明凡是在我们之内的东西都必定为我们所清楚地知道呢?我们对于甚至为我们所熟知的事物常常会记不起来,而由于小小一点可引起回忆的东西而一下又碰上想起来了,这种情形难道不是真的吗?有多少花样我们的灵魂还不能有,不能这样快就进入我们灵魂之中呢?否则灵魂就将是上帝,而不只是一个小宇宙了,这个小宇宙,当我们考虑到在混乱的思想中也和在清楚的思想中一样有一种自发性时,是和大宇宙一样不会有"骚扰"的,但在另一种意义上也可以和古人一样把在混乱思想中具有的非自愿的或未被认识的东西称之为骚扰(perturbation)或情欲(passions);这是其所以在普通语言中我们以为身心有所谓交战的原因,这个说法并没有什么不好,因为我们的混乱思想就代表着形体或肉欲,而造成我们的不圆满。

当我已经基本上给了这个答复,说混乱的知觉包含着一切外在的东西并包含着无限的关系时,培尔先生在复述了这话之后,并不否认;他毋宁说:这个假设要是好好地发展下去,是真正可以解决一切困难的方法;而且他还使我感到很荣幸地说,他希望我切实地解决他的困难。当他只是很诚恳地这样说时,我不会不对之作一切努力,而我相信我也并没有放过任何一种努力。如果我还有什么不曾尽力使他满意的地方,这必定是因为我看不出他要用来反驳我的困难究竟何在;这有时最使我在答复时感到麻烦。我很愿意知道为什么他认为我假定在一种不可分的实体中有多数的知觉是不可能的;因为我以为,即使经验和通常的见解没有使我们认识我们灵魂中有很多的花样,这样的假定也是可以容许的。只是说我们不能设想这样或那样的东西,而不指出它究竟在什么地方触犯理性,以及当其困难只是在想象中而不是在理智中时,实在不足以证明一个东西不可能。

和培尔先生这样一位既公平同时又深刻的对手周旋的确是很愉快的。他是那样正直,以致常常把我的答复自己先提出来。譬如他就指出,照我的说法,每一心灵的原始构造和别的一切心灵不同,这不应显得异乎寻常,正如圣托马斯学派的人追随他们的老师也说一切分离的心智之间是有种类上的歧异的。我很高兴在这一点上又和他碰上了头,因为我有些地方也引用过这位权威。诚然,照我关于种类的定义来说,我并不把这种不同称为种类上的不同;因为在我看来,如果说绝没有两个个体完全一样,就得说绝没有两个个体属于同一种类;这种说法实在不正确。我很遗憾还未曾看到弗朗索瓦·拉弥在(培尔先生告诉我)他的《自我认识》(1699年版)第二篇中的反驳,否则我必定对它已经有所答复了。⑦培尔先生要我特意消除别的一些系统所共同受到的反驳,这又是我应当感谢他的一点。我只想说,对给予创造物的力这一点,我以为在

1698年《莱比锡报》9月号中我已经对一位博学人士在1697年同一刊物上的一篇论文(培尔先生在lit.s边上所引)中的一切反驳都给予了答复,[⑧]甚至证明了,如果形体中没有主动的力,在现象中就不会有这么些花样,即使什么都没有,这种力也还是值得有的。诚然这位博学的对手也曾再加以答复(1699年5月号),但他其实只是解释了一通他自己的见解,而并没有真正触及我的相反理由。这以后,他就没有记着再来答复我的证明,因为他认为这个问题追问下去再加以说明毫无用处,甚至认为会败坏良好的心智。我承认这是争论的通常命运,但也有例外;而培尔先生和我之间的辩论就显得是另一种性质。在我这方面,我总是致力于采取适当的步骤保持谦和,说明事情,以使争论不仅无害,甚至能变成有用的。我不说我现在是否已达到这最后一点;但虽然我不敢自诩为在涉及如此困难的问题上已经使像培尔先生这样一位有深邃见识的人完全满意,但如果他认为我在这样重要的一种研究中已经有了某种进展,我也就永远会感到满意了。

我过去曾特别留心地看过他那卓越而丰富的《辞典》中的若干条,每次看都不禁重新感觉到愉快,所看的诸条除别的外其中有些关于哲学的,如"保罗教徒"(Pauliciens)、"奥里根"(Origene)、"庇莱拉"(Pereira)、"罗拉留"、"斯宾诺莎"、"芝诺"诸条。我每次都对他思想的丰富、有力、文采灿烂重新感到惊讶。从来没有一位古代的学园派的人,连伽内亚德[⑨]也不例外,能比他更清楚地使人看出这些困难。傅歇先生虽然在这些思想上也很精明,但也赶不上他,我认为世界上没有比克服这些困难更有用的事情了。正是这使我为有高明而谦和的人的驳难而极端高兴,因为我感觉到这样就给了我一些新的力量,就像那个安德触地的寓言[10]所说的那样。我之所以能稍有信心地说话,是因为我既然是对所有各方面都认真加以权衡后才作出决定的,也许就可以并非自炫地说:Omnia praecepi atque animo mecum peregi(拉丁文,大意为:“我说了一切而用我的理性洞察了一切。”——译者)。但是这些驳难又使我重新走上大道,并为我省去了不少麻烦:因为有不少提出驳难的人是想重走一切岔路小道,以猜测和预先防备别人可能找到的指责,而因为这些预防和倾向是如此地不同,以至于有一些有很强洞察力的人最初就同意我的假设,甚至还费心地向别人推荐。还有一些很精明的人向我指出这个假设其实别人已经有了;有些人甚至说他们所了解的偶因假设就是这样的,而不把我的假设和它分开来看,对此我是很高兴的。但当我看到有人致力于对它作应当有的考察时,我也是同样高兴的。

我还想对培尔先生《辞典》条目中我刚才提到并与这个题材有很多联系的几条说几句。容许恶,其理由似乎来自永恒的可能性,根据这些可能性,这个宇宙容许有恶并容许它实际存在,其方式被发现是一切可能的方式中最完美的方式。但是,要像斯多亚派一样逐点地指出这种使善提高的恶的用处,那就误入迷途了。对于这种用处,一般说来圣奥古斯丁曾有很清楚的认识,可以说他是向后一退,以便跳得更远;因为我们如何能深入窥见普遍和谐的无限的殊相呢?然而如果得在两者之中选择其一,按照理性我将宁愿选取奥里根派而决不选取摩尼派(Manichéen)[11]。我也认为不应该借口说如果创造物能产生“样态”,那就是它们也能创造,因而就把创造物的行动或力取消掉了。因为是上帝保持并且继续不断地产生了它们的力，这种力就是创造物之中的一种情状变化的根源，或者说是一种状态，由于这种状态我们就能判断将会有情状的变化；因为如果不是这样，我就发现（如我以上所说，在别处已指明了的）上帝将不会产生任何东西，而且除了上帝的实体之外就不会有别的实体，这就使我们陷入了斯宾诺莎的上帝的荒谬的境地。同时斯宾诺莎的错误似乎也就只是来自他推演出了那种取消创造物的力与行动的学说的后果。

我认识到那种以数学上所采取的态度来看的一般的时间、广延、运动和连续都只是一些理想性或观念性的东西，这就是说，它们表示着那种可能性，正如数一样。霍布斯甚至把空间定义为“存在的幻象”（phantasma existentis）。但是更正确些说，“广延”是“可能的并存”的秩序，正如“时间”是“不并存的可能性”的秩序一样，但这些不并存的可能性是有联系的。[12] 因此，一个是着眼于同时或一道存在的事物，另一个是着眼于不相容但被认为又都存在的事物，这样也就是使它们成为前后相继的事物。但空间和时间合在一起就成为全宇宙的可能性的秩序，以致这两种秩序（即空间与时间）不仅框定了实际存在的事物，而且也框定了一切可能放在一个位置上的事物，正如数对于一切“有数的东西”（res numerate）是不偏不倚的一样。而这种可能的东西对存在的东西的包围，造成了一种齐一而且对一切划分都不偏不倚的连续性。虽然在自然中绝找不出一些变化是完全齐一的，如数学家给予我们的运动观念所要求的那样，也不会有实际的形体其本性严格到像几何学家所说的形体那样，因为实际的世界既然达到实在的划分或杂多——其结果就是这些自行表现出来并在最小的部分中都变出

了许多花样的那些现象——,它就不会停留在可能性的不偏不倚之中。然而自然界的实际现象是被这样处理而且应该这样的,这就是决不会遇到任何这样的事,其中会有违反连续性的法则(对此我曾加以介绍,并在培尔先生的《文宛新闻》中第一次提到过),或违反其他数学上最精密的规则的情形。非但不是这样,而且只有用这些规则才能使事物成为可以理解的,只有这些规则和真正形而上学所提供的和谐或圆满性规则才能使我们进一步窥见造物主的理由和观点。无限复合的过于繁复最后确实使我们爽然若失,不知所措,而不得不止于应用形而上学的规则,正如将数学应用于物理学上一样;然而这种应用决不会欺骗我们,如果精密地推论还会算错,那就是因为对事物没有进行充分的察核,以及假设中有不完善之处。甚至我们能够达到这种程度来作这种应用,也和我们能够考虑到无限的东西一样,正如我们最后的方法所显示的那样。因此,虽然数学思想是理想性或观念性的,这丝毫也不会减少它们的用处,因为实际事物决不能离开数学规则;而且我们其实可以说,现象的实在性就在于此,这使现象与梦境有别。然而数学家根本不需要讨论形而上学,也不必操心去管这种点,这种不可分的、无穷小的、严格意义上的无限的东西是否实际存在。我在一篇答复中已经指出了这一点,这篇答复载于1701年5月和6月的《特莱芜评论》(Mémoires de Trevoux)上[13],培尔先生在"芝诺"条下曾加以引用。我在同一年也曾致力于考虑过,对于数学家,为了他们的证明的严格起见,只要不取"无穷小",而取"要多么小有多么小"就够了,这样就可以表明错误总是比一位对手所想指出的要小,并因而就使人不能指出任何错误了,以致当所指定的数逐渐减

小到最后的那种精确的无穷小，只是和“虚根”一样时，这也丝毫不会损害那种“无穷小计算法”（微积分），或和差。我所提出的这种计算法（微积分学），许多卓越的数学家都曾很有用地下过功夫，在这里只有不懂或不会用才会犯错误，因为它本身就带着证明。同时，在《特莱芜评论》上的同一个地方别人也从此认清了他在前面所说的并不反对我的解释。诚然他还认为那是反对罗比塔尔侯爵（Mr. le Marquis de l'Hôpital）的解释；但我相信他也和我一样不会把形而上学上的问题要求几何学去解决。

我对于培尔先生在同一条下所叙述的梅莱爵士在他给帕斯卡尔先生[14]的信中所表现的那副神气几乎要发笑。但是我看得出这位爵士知道这位伟大的天才有他的不平衡处，这就使他有时太容易感受那种过分的唯灵论者的印象，甚至使他有时讨厌那种坚实的知识；这在斯德诺尼（Stenonis）和斯凡美丹先生那里我们看到却一直是这样的，因为他们没有把真正的形而上学与物理学、数学结合起来。梅莱先生就利用这一点，而以一种居高临下的傲慢态度对帕斯卡尔先生说话。他似乎有点嘲讽，正像时髦人物的行为一样，他们总是很机灵，但知道得很有限。他们总想让我们相信，这种他们所不大懂的东西并没有什么，这种东西也许应该送到罗伯伐尔先生[15]的学校里去。然而这位爵士先生甚至在数学方面的确也有些非凡的天才；我从帕斯卡尔的朋友，精通机械学的比叶特先生（M. des Billettes）那里知道这一点，而且知道这位爵士在他的信中所卖弄的那点发现是什么。这点发现就是，因为他是个大赌徒，他就最初开辟了对于赌注的估计方法。这就引起了费尔玛[16]、帕斯卡尔、惠更斯诸位先生的那种“碰运气”（Alea）[17]的奇妙

想法,这是罗伯伐尔先生丝毫不会也不想懂的。荷兰的长官维特先生(Mr. le Pensionaire de Wit)更推进了一步,把这种方法运用到比年金更重要的用途上,而惠更斯先生告诉我,于德先生(M. Hudde)也对这方面有过极好的思想,可惜的是它们和别的许多东西一起被弄掉了。因此,就是赌博游戏本身也值得考察,如果有哪一位见解深邃的数学家能在这方面进行探索,他也会在其中发现很多重要的值得思考的东西;因为人从来没有比在嬉戏中表现得更机灵的了。我还想附带说一下,不仅培尔先生所引的这一段中,伽森狄所说的卡瓦列利[18]与托里拆利(Torricelli)[19],就连我自己以及其他很多人都发现有一些其长无限的图形是和有限的空间相等的。这也并没有丝毫令人惊奇之处,就好比在无限的数的序列中,我们知道$\frac{1}{2}+\frac{1}{4}+\frac{1}{8}+\frac{1}{16}+\frac{1}{32}+\cdots\cdots$是等于一的。然而这位爵士可能还有一点良好的热情,使他在他所说的这种“不可见的世界”及“这种无限的广延”中大为兴奋,这种广延我认为是属于观念或形式的,而若干经院学派的人士在讨论 utrum detur vacuum formarum 这个问题时也说到过。因为他说:“我们在这里可以发现事物的理由与原则,发现最隐秘的真理,发现适当、正确、比例,发现人所寻求的真正原始及完美的理念。”古人所大谈特谈的这个理智世界,是在上帝之中,而且在某种意义上也在我们之中。但是他的那封信中谈到反对无限划分的那段话,又使我们清楚地看到写这封信的人对这高一层的世界还太陌生,而他所写的这个可见世界中的那些讨人喜欢的东西,也不会让他有应有的时间来在另一个世界中获得他那市民的权利。培尔先生和古人一样说上帝运

用了几何学，和数学构成理智世界的一部分，而且最适宜于作为进入理智世界之门，是很有道理的。但我本人认为，这个世界的内部是还有某种东西的。我在别处曾说过，有一种运算方法比算术和几何更重要，这种方法依赖对观念的分析。这是一种普遍字符(caractéristique universelle)，我认为构成这种字符是人所能企求的最重要的东西之一。

注 释

① 本篇载于G本第4卷第554—571页，原题为本译文的副题；E本载于第183—191页，标题与E本基本相同。

② 指说明(四)。

③ E本为 la droite touchante (正切线)，而G本为 la droite qui touche cette ligne，译文从G本。

④ 参见说明(一)第20节，及注㉒。

⑤ 按G本原注：照手稿，此末句在“过渡”前当有“在动物形体中的”字样，此句之后则有“人们在对某种努力的抵抗中发现快乐，但当它变得太过强烈时，则人们就过渡到痛苦”两句，然后接下文。

⑥ E本无此句。

⑦ 莱布尼茨后来作了答复，见说明(七)、(八)。

⑧ 据G本原注，参阅“论自然本性”篇，见本书附录。

⑨ Carneade (219—126 B. C.)，希腊哲学家，新学园派的首领，“或然论”或“盖然论”(probabilisme)的建立者。

⑩ 希腊神话，安德(Antée)是海神(Neptune)和地神(Terre)之子，被希腊神话中最有名的英雄赫拉居利(Hercule)所杀。这位英雄发现安德一接触到地就又重新有了力气，就把他高高举起而把他扼死。

⑪ 摩尼(Manès)约274年左右生于波斯，他所创立的摩尼教的主要教义是认为善恶二源，善出于上帝，恶出于魔鬼。

⑫ 参见说明(四)注⑬。

⑬ 见E本第177页。

⑭ 梅莱爵士(George le Chevalier de Méré,1610—1685),法国道德学家;帕斯卡尔(Blaise Pascal, 1623—1662),法国著名数学家、物理学家和哲学家,著名的《思想录》作者。

⑮ Gilles Personne de Roberval (1602—1675),法国数学家,曾为法国王家学院的数学主座。获得这个主座的条件是要能提出数学难题来让人解答,如果有人解答得比他自己更好,他就得退位,而罗伯伐尔终身都在此位上。

⑯ Pierre de Fermat (1601—1665),法国数学家。拉普拉斯认为他应当和帕斯卡尔同享发明概率计算法的荣誉。

⑰ 此词原为拉丁文"机会"、"偶然"之意。这里应当是指数学上的概率计算。

⑱ François Bonaventure Cavalieri (1598—1647),意大利米兰的几何学家,伽利略的朋友。

⑲ Evangelista Torricelli(1608—1647),意大利几何学家和物理学家,伽利略的学生,发明了气压计。

新系统说明(七)[①]

——增释有关灵魂与形体的联系的新系统,因《自我认识》[②]一书出版的机会寄往巴黎(1709)

在1698年9月8日和15日的《学者杂志》第35期与第36期上,有巴黎普哈拉(Pralard)出版的名为《自我认识》(Connaissance de soi-même)一书的节录,其中有很大篇幅谈到灵魂与形体间的联系。作者在这方面有几点很好的意见,他细心地考察了这个问题,而且作了比通常更详细的讨论。为了解释这种联系的根源,他说这两种实体只能为一种与它们各自不同的存在方式之间的、可以说是超自然的关系所联结,而这种关系只能来自自然的造物主的纯然武断的制定。但是,如果本书的这位高明作者曾经考虑过一个新近发表的新系统,他可能就不会有他在此所发现的困惑了。这种关系一点也不是超自然的,因为它是上帝所创造的东西的自然后果,而且一点也不是武断的,除非能说这个宇宙的创造竟是全凭造物主高兴爱怎样就怎样。经院派的意见以为灵魂与物质有点什么不完全,这意见也并不像人们所想的那样荒谬。因为物质没有灵魂与形式或"隐德莱希"就只是被动的,灵魂没有物质就只是主动的。确实是单一的完全的有形实体,而为经院学派称之为unum per se(一自身)(与凑集而成的东西相反)的东西,应该是从主动的单一性的原则和造成“多”的、只是被动的质料(如果只包含初级物质的话)这两个方面所得的结果。而构成我们的形体的次级物质或质料团块,则到处都有一些部分,这些部分,当它们分别为一些别的生物或有生命的或“现实的”③有机实体时,本身就是一些完全的实体。但这些有机的有形实体所聚集而构成我们这形体的这个集合体,与我们的灵魂,只能是由这种分别遵循每一实体的自然现象的秩序的关系而联结起来的。这一切都可以使我们明白,我们怎么能说灵魂与形体一方面彼此独立,另一方面又任何一方缺乏另一方就不完全,因为照自然方式一方决不会没有另一方。因此,我们似乎就不能像论自我认识的作者那样一般地说,(有机)形体行使其功能大多在它与灵魂结合之前,也不能说灵魂只有在它和形体分离时才能把它的功能行使得最好。反之,当谈到关于植物、禽兽,一般地说,一切种类的生物时,我们有理由认为,当形体本身真正成为有机的时,灵魂就和它结合了,而死亡照自然方式只能剥去灵魂的有机形体的最粗部分。关于这一点,我们所说的只是上帝赋予自然过程的灵魂和实体的“隐德莱希”,如禽兽的灵魂,而无意于谈论我们的灵魂的起源和分离或心灵的组成结构,也不想谈论与自然的王国不同的神恩的王国。

这位深信灵魂与形体之间有超自然的关系的作者说,如果灵魂作一反省,知道它借它的形体的机缘而接受到的适意的感觉,只能直接地来自上帝,它并不需要形体来给它这些感觉,它就应该只倾向于自行与上帝相结合了。我们同意这些感觉原本是只能来自上帝的,但不是直接来自上帝,除非是以这种一切遵之而连续不断地从上帝流出的一般方式④。因为现在的感觉是随着以前的感觉而产生的，而所有这些感觉一起又都遵循着灵魂的本性，这种本性本质上只是这种规定好的趋向，由这种趋向应当自发地产生出这样一系列现象，这些现象表象着它的形体的功能，就正好像这种形体能够以经院学派所想象的那种意象的实质影响而把这些现象给予灵魂一样。但为了要使我们爱上帝，似乎并不需要认为上帝时时刻刻以一种直接的、超自然的，或奇迹的方式给我们舒适的感觉。反之，这种意见将会减弱我们对上帝的伟大、智慧及其作品的圆满所应当有的观念。诚然，绝对地说，上帝并不需要有形体来给灵魂它所有的感觉，但上帝既然自始就一下给了灵魂这种使它表现它的形体的力或趋向，就需要有形体来在他所建立的自然秩序中活动。

我们这位作者主张心灵是被动地与形体相结合，而不是主动地与之相结合的，因为照他的说法形体没有一部分不对心灵发生作用，反之，形体却有许多部分是心灵不对它们发生作用的。但似乎毋宁说这种关系永远该是相互的，而在创造物之中从来没有一个作用是没有反作用的。他也主张形体是主动地与整个心灵相结合，而不是被动地与之相结合，因为心灵既然不可分，形体就只能和它整个相接触，而照他的说法心灵有一些纯属可理解性的思想丝毫不触及形体。但似乎形体也还是感受到我们的抽象的思想，而且经验告诉我们，思考也能够殃及形体。因为最抽象的思想也总是要用到一些涉及想象力的记号，加上集中注意力也使脑神经纤维紧张。说心灵就在其直接起作用的地方比他这里所说的心灵不在任何地方，也似乎更确切些。我在别处已经解释过，当我说心灵对形体发生作用时，我所理解的是怎样的意义。

通常认为混乱思想和清楚思想是完全不同类的，而我们的作者断定心灵比起用清楚思想来更多用混乱思想与形体相结合。这倒不是没有根据的，因为混乱思想表示我们的不圆满、被动和依赖外物或物质的集合体，反之，灵魂的圆满、力量、主宰、自由和主动则主要在于我们的清楚思想。然而从根本上说，混乱思想仍然确实不是别的，而只是许多本身和清楚思想一样的思想，但这些思想是如此的小，以至其中每一个都不能各别地引起我们的注意和加以辨别。我们甚至可以说在我们的感觉中同时一下包含有真正无数的这种混乱思想。混乱思想和清楚思想之间的重大区别正是在此，这种区别正好是与自然的机器和人工技巧所造成的机器之间的区别一样的，我在《学者杂志》上发表这个新系统时对此已作过解释。因此，我们可以说混乱思想与混乱思想彼此间本质上有区别，只是跟我们可以说形体与形体或运动与运动彼此间有区别的方式一样。诚然我们的作者似乎是持另外的意见，认为虽然使人痛和使人热的火的运动只是程度上的不同，痛的感觉与热的感觉则有本质上的不同。然而我们可以说，若把灵魂的反省思想除开，对温热的适意感与对过热的痛苦感是同等地表象着物质的运动，而且其区别也只是和物质运动的区别一样。因此不应该把混乱感觉看作某种原始的不可理解的东西，否则就差不多是使混乱感觉处于一些经院哲学家所说的那些古老的［隐秘］性质的状态，而为了要坚持这种本质上的差别，就用这种混乱感觉来代替那些古老的［隐秘］性质，这只是把困难转移了一下而已。尽管由于这种混乱感觉包含着太多的花样，要对它们作出完全的解释确实超出了我们的能力范围，但我们仍然可以用那种使

我们发现清楚思想的基础的经验而逐渐逐渐地把它们看穿，如光和颜色就给我们提供了这方面的例证。这些混乱感觉也不是武断的，我们也不同意今天为许多人所接受并为该作者所遵从的意见，认为我们的感觉与形体的痕迹之间没有任何相似或关系。在我们看来毋宁说我们的感觉是表象着而且完全地表现着形体的痕迹的。有人也许会说，对热的感觉并不与运动相似。是的，大体说来，它不和一种感觉得到的如车轮旋转那样的运动相似，但它和作为它的原因的器官和火的许多小运动的集合相似，或毋宁说它只是这些运动的表象。这正如白色并不和一面凸面镜相似，然而当我们挨近去看一堆泡沫时，这片白色并非别的，只是许多小凸面镜的集合体。如果我们总是能够同样容易地发现我们感觉的原因的话，我们就会发现这总是与此相近的东西。因此，一切用来反对经院学派和通常哲学家主张我们的感觉和对象的痕迹有相似之处的那些痛骂和尖刻的讽刺，都是无用的，而且只是来自太肤浅的想法。也因为如此，上帝似乎并不是像这位作者所说的由自己高兴，借着脑子的痕迹的机缘在灵魂中呈现出这样一些观念，而是因为这种相似性的要求而呈现出这样的观念的。而且我们也感到很惊奇，当代一些卓越的哲学家居然能认为上帝会如此武断、如此不受决定（即如此不按理性）地行事，来或者为思想或者为运动建立自然法则。这就是没有充分运用他的智慧，这种智慧是永远被决定要选择最适宜的东西的。因此，如果上帝把味觉归之于脑中借耳朵鼓膜振动的机缘而获得的痕迹，如我们这位作者所认为的那样，上帝也有自由这样做，则就好像一个画家用金字塔那样的棱锥体图形来表示圣彼得教堂的圆穹顶一样了。这样我们才真的可以说我们的感觉欺骗了我们。因为这位作者在另一基础上提出了反驳，好像有的人可能说，上帝用我们的感觉把我们投入错误中，使我们把其实只是我们心灵的方式的那些可感觉性质归之于形体，他乃是假定了实际并非如此的情形。因为这些可感觉性质是形体的而并不是我们心灵的方式或情状；而我们的感觉其实是灵魂的存在方式，但表象着形体的方式。诚然我们的感觉并不和广延或空间的仅有情状相似，这是我们的作者指示得很清楚的，但人家也已经充分地指明，在形体中除广延之外还有某种东西。至于人们所设想的灵魂与形体之间的交战，这无非是由清楚思想或混乱思想，即由理性或本能和情欲产生的倾向的不同。本能可以说是一种有持久性的而且是我们与生俱来的情欲，而情欲，则像是一种飘忽猝至的本能；在这里我们还可以加上习惯，它介于这两种倾向之间，比情欲持久，但不像本能那样是我们天生就有的。

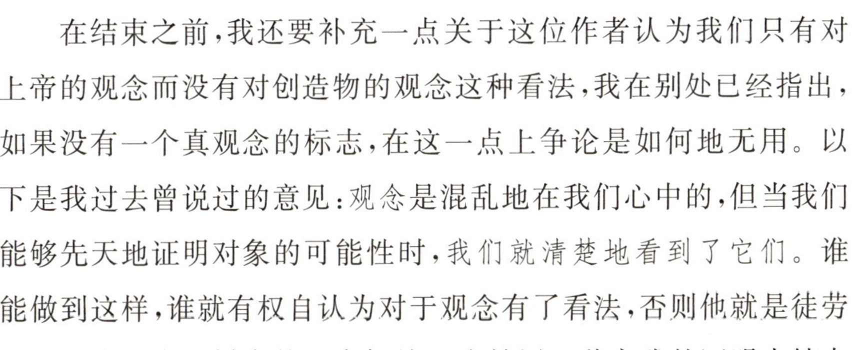

在结束之前，我还要补充一点关于这位作者认为我们只有对上帝的观念而没有对创造物的观念这种看法，我在别处已经指出，如果没有一个真观念的标志，在这一点上争论是如何地无用。以下是我过去曾说过的意见：观念是混乱地在我们心中的，但当我们能够先天地证明对象的可能性时，我们就清楚地看到了它们。谁能做到这样，谁就有权自认为对于观念有了看法，否则他就是徒劳无益地自吹有这样大的一个好处。这是用一种实践的证明来结束这个问题争论的办法。

*　　　　*　　　　*

我终于⑤收到了《自我认识》一书中有关我的系统的那段节

录。这是从关于上帝结合灵魂与形体的方式的五点思考中摘出来的。这位有价值能深思的作者，在宣称他断定诸经院学派中所传述的灵魂对形体或形体对灵魂的影响的方式为不可能之后，在第227页上承认，首先似乎偶因系统的方式是以某种方式贬低了神，使神成为其作品的奴隶，而且使上帝在纯属自然的事情上仅凭奇迹行事，反之，我所提供的前定和谐的方式是无限地更简单更合理，而且标明了这位至高无上的工匠有无限大的智慧和洞察力。但同时这位作者在稍后一点，即在第229页上，又自以为指出了只有当我们从一方面来看这个系统时才显得是这样，但当我们从别的方面来看它时，我们就看到了一些困难和不可能的地方，值得更切近地加以考察。就让我们来看看他的考察。

第一，[只有两种可能：]或者这两种有前定和谐的实体是一种为着另一种而造成的(他说)，或者并不是一种被决定了为着另一种，而两者分别地或好像只有它本身和上帝似的，接受了这样一种本性，致使它们的样态(modalités)彼此协调。如果是第一种情形，那么这个新系统与偶因系统不同的地方，就只在于在这个新系统中上帝只是间接地用他所给每一实体的力而产生印象。如果是第二种情形，那么上帝所给予心灵的知觉系列就丝毫不是明智合理的，而纯粹是任意的了。

我的回答是，我采取哪一方面实在无可怀疑，而且我已经充分地声明了是取第一方面的，因此他不应该认为在这方面有什么困难，因为似乎他也同意在这种情形下这种困难就不再存在了，或者说我的系统不能接受那些与偶因系统没有共同点的东西。因为我主张不仅灵魂与形体，而且宇宙中一切被创造的实体都是一个为着另一个而造,而且相互表现,虽然彼此间随着关联的程度而有亲疏的不同。因此我们可以说,在上帝的意向和目的因的秩序中,一个实体依赖于另一实体,因为上帝是为了一个而产生另一个的,虽然就物理的影响而言或在动力因的秩序中,彼此并不相依,就像每一个都是单独地和上帝同在这个宇宙中一样。而且也完全无须形成这种两难推论,因为我已经毅然决然地反对一切任意性的阴影而主张上帝的行为明智合理,而且已达到在这方面所可能设想的最高程度,超过了别人所曾做的,正如这位作者以前与培尔先生也都承认的一样;没有比我的系统更能指明一位有无限智能的造物主存在的需要和必然性了,因为必须有这样一位造物主来前定这种和谐。这是证明上帝存在的一个新的、立于不败之地的方法。

第二,他还提出另一个两难推论来反驳我:在灵魂中知觉的自发产生是自由的还是必然的?如果是自由的,那么灵魂怎么会给自己一些不快的感觉呢?如果这些感觉是必然地来到的,或由于它本性的构造而不由它自主地从灵魂中逸出的,那么上帝这样用一些毫无原因和理由的形形色色的知觉使它们在灵魂中发生,他的明智合理又在哪里呢?我很佩服他竟能提出这样的困难来,这种困难如果有根据,那在别的系统中也是同样有的。我们应该把自愿的思想(这大概是自由的)和非自愿的思想(例如痛苦的感觉)区别清楚。这些感觉总是上帝给予的:在偶因系统中是直接地给予;而在另外两个系统中是通过他所建立的本性间接地给予。因为在那种通俗地讲“影响”的系统中,是通过形体的本性把某种东西传送给灵魂而在其中发生某种影响;在我的系统中则是在灵魂应当表现形体时由它的构造[而产生某种感觉]。因此这些感觉是并不自由也不应该是自由的,因为它们不是自愿的,而我们也看不出为什么它们在我的系统中会比在别的系统中更违反上帝的明智合理性;同时它们也并不是毫无原因毫无理由地来到的,因为是由于灵魂应该表现形体才这样。

第三,他还反驳我说,照我的系统,灵魂是不自由的,而且提出了三个证据。第一个证据实质上是和前一反驳一致的,它是说,我承认并不依靠灵魂来永远给自己一些使自己喜欢的感觉,因为它将有的感觉是依赖于它已有的感觉。可是请问反驳者,在别的两个系统中是不是灵魂的不快的感觉也从某种并不依赖于灵魂的意愿的东西来的呢?

说我的系统违反灵魂自由的第二个证据,是说我承认每一实体的现在状态是它以前状态的自然后果。从这里这位反驳者就推论说,一个以前状态的自然后果就是必然后果。但这个推论我不能同意。如果实体的本性就是在有关的行为中是自由的,那么这一自然后果就是自由和自愿的;因为自愿的行为对灵魂来说并不比别的行为不自然;而且我们甚至可以说这在它是更自然的,因为灵魂在这里可以圆满地实现它的本性,这种本性就是自由。实际上这个反驳对别的系统倒是适用的。因为在那种通俗的"影响系统"中,灵魂的这种现在状态在其为非自愿时,部分地是形体影响的自然后果,而在"偶因系统"中,至少部分地是上帝所给印象的自然后果。但对于自愿的而言,"影响系统"和我的系统一样,使灵魂以某种方式独立于形体,而依着它自己的高兴,这是它本性的一种圆满性。反之,偶因系统在这里最困难了,尤其是当那些自愿行为是坏的行为时更为麻烦。

认为我的系统违反自由的第三个证据,是说照我的意见,在知觉中和在运动中一样有一种秩序的法则。而照反驳者的意见,运动之间的交通是必然的。但是,且不必说运动法则是由于神圣智慧而建立的,而且并不是有那种几何学上的必然性的,只要说表现这些运动法则的知觉是和它们依照动力因的秩序而表现的这些法则同样相联结也就够了。但自愿知觉的秩序是目的因的秩序,是和意志的本性相适合的。

第四,他反驳说,即使我的系统可能成立,也不是上帝所遵循的系统,因此得说我的系统不能满足现象,而如果他承认上帝能够创造出一个能够依照秩序产生这些现象的自然,则我看不出他怎么能够持这种主张。但是还是让我们看看这一反驳的详情吧。这一反驳以为照我的系统说,那种心灵的狂乱是无缘无故的,而且(譬如说)不是由于脑中迹象的颠倒。我的回答是,我也完全可以和别的系统一样说灵魂的狂乱是由于形体,因为灵魂的本性是表现它的形体,而且和形体相协调,正如形体影响着灵魂一样。我很佩服他怎么能想到竟把我们在事物自然本性中看起来不合适的地方都加到我的系统上,好像别的系统就不是全都这样似的,而且这个困难在偶因系统似乎只会更大些,因为就偶因系统而言,形体与灵魂的协调全都是直接地来自上帝的。

他质问我,我们所看见的一个醉汉的心灵的那种狂乱,能不能像是灵魂构造的自然后果,并且灵魂的构造使得这狂乱也只是符合着上帝所给它的本性的法则。但是因为我们的本性被人性本身生长出来的自由行为所败坏了,而且这些自由行为把它们的后果和来自上帝的原始构造的后果相混合,并因为我们的本性一开始

就这样造成,使我们的情状大量依赖于在我们之中所表现的形体的情状;因此不论我们的恶行和非自愿的狂乱,就像是可能由于一种脑病而发生的情况那样,在我的系统中也和别的系统一样不能归罪于上帝。因为对于偶因系统,人们不是同样也可以问,这种紊乱怎么只能是上帝所给的印象的后果呢?或者照通常的系统说,上帝怎么会创造这些形体,让它们发生这些紊乱而骚扰灵魂;或者为什么上帝像给以惩罚似地让灵魂居住在这样一个形体中呢?这正好就是要追问恶的原因。

因此,当反驳者又说:*这才真是多么尊崇神的智慧呀!*他可曾想到他是在为有两种本原的摩尼教辩护⑥?如果他同意我的系统是唯一真的系统,我应当致力于满足这一点,而且对摩尼教作出答复;但这里既然是拿我的系统来和别的系统作比较,那么当他并没有指出我的系统的困难比别的系统更大时,我又为什么要拿所有诸系统所共同的困难来作难我自己和我的读者呢?甚至正好相反,我的系统的困难正好比别的系统小,而且我可以很容易地指出我的系统还是比别的系统更能解决这些困难;但这里不是讨论这个问题的地方。培尔先生对此很好地考虑过,因为他声明他不愿拿针对一切假设的共同之点来反驳我。

这位作者之所以接着又高喊:*这才真是配得上无限完美的"存在"的奇观呢!从它手里出来的一个灵魂会有一种本性使它必定发狂六十年或八十年,或许永远发狂下去!*其原因就在于此。他必定是不曾真正认识我的作品,如果他真以为我会冒失到竟承认在灵魂的行为中有他所说的这种必然性。对于我,已故的阿尔诺先生起初也曾经把和这相似的东西归罪于我,但以后当他更了解了我的见解的底细时，就大度地取消了以前的指责。⑦在别的系统中，灵魂本性岂不是也同样和形体的本性一样都出于上帝之手吗？然而恶行和狂乱也从上帝手中产生出来了，不论你说形体影响灵魂与否，因为在我看来灵魂被造成了好像受形体的影响而行事的，因为灵魂表现着形体，而在这位作者看来，则因为上帝随形体所作所为的机缘而在灵魂中产生了他所要它在其中发生的事。

反驳者还以为他所说的这种灵魂的狂乱，照我的看法应该永久延续。因为（他说）凡是从一个东西的自然本性（nature）或本质（essence）所产生的东西，应该和这个东西同样长久。可是请原谅，这句话有点含糊不清。无论什么地方，“本质的”和“自然本性的”都有区别，甚至在法学家的书里，一个契约也有“本质的”和“自然的”区别。“生性”（proprietés）是“本质的”并且永恒的，但情状（modifications）虽然是变化的，却可以是“自然的”。甚至在自然的情状之间还有等级的不同。最自然的是那种完全符合自然本性的原始的圆满性。但当这样的本性已败坏时，那种坏处对它也可能变成自然的了。此外，我们在通常意义上称为“自然的”，和在更为形而上学的意义上称为“自然的”，也不应该相混。例如在通常意义上，死对于我们说是自然的，但死于枪下对于我们来说就不是自然的了；我们把后者称之为意外的，称之为暴卒，而且这样说也很有道理；我也丝毫不想来改变语言。因此当我说对于一个实体所发生的一切在某种意义上可断定为对它是自然的，或者说是它的个体本性的后果时，我所理解的是包含着属于此个体的一切的那种完全本性。因此我

是在某种超越的意义上来理解它的。从这种意义上说，每一个体的完全本性包含着一切对它所发生的东西，而且由于彼此间的关系因而也包含着一切别的个体，诚然这种“包含”是合乎形而上学的严格说法的，虽然在通常的用法中决不会考虑到。但是我并不为此而取消通常的区别，而我之所以在一个非寻常的意义上使用这些语词，只是因为找不到更好的术语来表达。如果人们不愿注意到这一点，那他就可以对我提出千百种开玩笑的无聊的驳难，这仅仅适宜于某种平凡的人，不知事物的内在真相，譬如会把哥白尼与笛卡儿的见解当作狂呓。我深信《自我认识》的作者必定能明断，在理解了我的见解之后，必定不再坚持己见。

他接下去又说：*这不是明明使上帝成为这种紊乱的造成者？而这样一个系统能算尊崇上帝吗？*这也只是我刚才已消除的那种误解的后果。照经院学派说来，罪恶与狂乱，不论自愿的或非自愿的，都来自灵魂和来自形体的影响；而灵魂与形体的本性出自上帝之手。在偶因系统看来，灵魂中的狂乱只能根源于灵魂及上帝就形体活动的机缘给予灵魂的印象，而不是由于形体的影响。而照我看来，它们只能仅仅从灵魂来，不论出于它的自愿，或者是由于它表现形体的本性所产生的非自愿的知觉的结果，这是我拿来代替形体的影响的东西。那么为什么在我的系统中而不是在别的系统中要更费心挽救上帝的尊荣，而且因这种紊乱而为上帝辩护呢？不论把这种紊乱单独归之于表象着形体的灵魂，还是归之于灵魂与“形体的印象”，还是归之于灵魂与“上帝的印象”，其实都是一回事，因为最终灵魂和形体都是来自上帝。如果对上帝有什么冒犯，那毋宁说是在这种假设之中，就是以上帝的印象代替形体的印象或形体的观念的印象，因为这样似乎是更直接地把所发生的事情的责任加在上帝头上了。

第四点反驳的第二部分所说的困难，是说人类形体的活动表现出有心智的成分，如说话、写字等等，只能由机械法则产生。对于这一点，是最值得加以说明的，而我在给培尔先生的最后的答复中已经大大地解释过一番了。有许多古代和近代攻击笛卡儿派及其他类似的证明灵魂的精神性的人，如伽森狄在其驳难及为这些驳难所作的辩护中所说的，都认为自然中所发生的一切，甚至人所表现的活动，都可以用物质的情状变化来解释，或者说可以机械地加以解释。笛卡儿派把禽兽看作是自动机的见解，甚至使人断定人也可以是自动机。其实形体可以是自动机，而且的确是自动机，但灵魂的内在活动则应该排除在外。现在且不谈从机械法则的原则本身是推不出广延的情状来的。因此，这种驳难只是出于我们对上帝所施行的那种令人惊叹的机械法则认识太少了。我最初就已经预计到，而且在提出我的系统时就追问过，说上帝能造成一个自动机来行使人的功能是否不可能。这样的可能性被假定之后，我就推论出我的系统既是可能成立的，而且应该胜过别的系统，因为这个系统可以避免一种奇迹的行为，而且把上帝的智慧抬得最高，这样就把灵魂与形体的联系这一问题上的一切困难都消除了。同时，反驳者在第四点反驳的开始，即在第235页说过，即使同意我的系统可能成立，事实上也没有为上帝所遵循，但他也不能从这个反驳回过来否认我的系统的可能性，说：在一种意义上如此有规律，在另一种意义上又如此非同寻常的这样一些活动，决不能来自一般的机械法则。但是他没有说为

什么不能。这些一般法则不管它们本身如何单纯，但在应用上却有无限的花样变化，笛卡儿派也应该承认这一点，因为他们认为禽兽是机器。人本身就能造成一些机器，它们所产生的效果好像也要求有一个心智来管制。上帝有比我们无限地更高的智慧和能力来发明方法和实施这些方法，他为什么不能达到无限地更远的程度，或毋宁说他为什么不会实际这样做呢？因此，这种困难只是由于人暗地里不假思索地给上帝的智慧与能力以一些限制而发生的。

第五点反驳是说，如果每一实体都从上帝接受了一种本性，由于这种本性，实体的情状就相继地、符合某一种法则地发展，并独立于一切别的创造物的影响，我们就要问：这些法则是否明智合理，这些实体是否遵循这些法则，以及是谁使之实施的？我的回答是：它们无疑是明智合理的，这些实体是遵循着它们的，是它们自己的本性使之实施。对于这一点他反驳说：存在的东西至少总是机械地倾向于保存自身，但是我们就看见有些形体自投于火，有些从高处自坠而死，有些以利器自杀。但我发现他这种反驳完全像美洲腹地的野蛮人反驳一切哲学家一样，或者像人们反对最初作哲学思考的人一样，好像我得对一切都负责任似的。而这位《自我认识》的高明作者似乎用一种巧妙的幻想把他所有的知识全都剥夺了，好像要迫使我使哲学“从娘胎里”重新开始似的。因为这种反驳不是对于一切假设都可以提出的吗？不论你承认我的系统或别的某一个系统，这种由于某种遭遇而自己丧生的执拗，不正是上帝安排在形体中的自然本性的法则的后果吗？每一东西，如果没有原因使它改变，都自己保存其原有的状态，而我们也从未对保存

法则作别的理解。但实体和构成一个团块的实体集合体,还是应该区别清楚。每一实体都保存着自身,但集合成的团块,由于它自己本性的法则就倾向于自行毁坏,因为它们由于内部的运动,如果不是因为周围的压力而维持着凝聚,就会倾向于远离中心而自行散裂。

同样的反驳也被用于对心灵方面。我们看到(他说)有些心灵持续不断地生活于痛苦之中,说由于一种法则一个灵魂正当它专心于瞻仰神灵时会忽然发觉一阵尖锐的痛苦袭击而被迫放弃这一行为,这种法则真是开玩笑。但毋宁说,要求我的假设使只应该而且只能如此的事物变得更好一点;而且要求那种照我的见解所说的"上帝安置于自然本性之中的法则",其所作为必须超过照这位作者的意见所说的"上帝本身"的作为,这种要求才真是开玩笑。因为既然按照偶因论上帝本身用连续不断的印象影响灵魂,也不能避免或毋宁说给了灵魂这种痛苦,那么为什么就不能允许他在开始就给心灵一种自然本性,使之以后在同样的时候产生这同样的感觉呢?有人曾经看到过这样的不公平吗?竟有人向我提出这样的反驳,我难道没有理由感到惊奇吗?

实际上,我也曾努力地去理解为什么他会找出这些困难,但不论从哪一方面来看我的系统,我也找不出什么能让我看到这些困难。他必定是透过一种琢磨得很奇怪的镜片来看我的系统,才使它显得像他所说的那样分崩离析。因为我们在其中看不到丝毫明智合理(他说)、有规律、配得上上帝的尊严的成分。用同样的理由,我们在整个自然中也会看不到有丝毫明智合理、有规律、配得上上帝的尊严的东西,因为为什么上帝必须照我的系统比照别的系统做得更多一些呢？虽然他的无限智能确实没有比在我的系统中表现得更好，但几乎从来没有比在偶因系统中表现得更坏的了。在偶因系统中，他们使上帝像一个守夜的人，或一个永远忙着修理他的作品的工匠一样。然而，一个信奉这种用这位作者自己的话说似乎贬低了神性的学说的人，甚至于竟能说：这种前定和谐系统曾经用一种不知什么样的单纯而齐一的神气使他觉得炫眼过的，现在在他看来显得是如此分崩离析，如此破败零落，而又有这样多的地方充满错误，以致使他认为是站不住脚的。而对于我来说，要在他的反驳中找出[我的系统的]困难所在，要比设法来答复这些困难更费事。

第六点反驳是说：这个系统显得最错误然而又最主要的地方，是假定了一种能动的本性，一种有别于上帝的能力的能力（puissance），力（force）或能（énergie），由于这种能力，存在物就依次产生一切在它们之中所发生的变化，以致一切在它们那里都是完全自发地从它们自己内部产生出来的。因为这种假定（他说）是直接违反创造物的本质上的依赖性和软弱性，以及违反造物主的本质上的最高能力的。但他并不曾指出，为什么并在什么方面我的假设违反了这些。创造物要是软弱的和依赖的，就得没有任何能力吗？而造物主要是有最高能力的，就得是唯一有能力及能动的吗？因为上帝是无限圆满的，在创造物中就不能有任何一点圆满性吗？人们也许可以用同样的方式证明，因为他是最高的存在，他就是唯一的存在，至少是唯一的实体！

他又说：以为上帝使自己时时刻刻对创造物发生作用，而且自己产生一切发生于创造物中的变化，就是有损他的尊严的，这是错误的观念。我承认上帝以保存创造物而时时对创造物发生作用,但如果只是这样,他又给了它们什么圆满性呢?我很愿意他能把这种圆满性明白地说出来,因为我们从其中找不到任何足以显示其行为的圆满性。而如果他没有给它们任何圆满性,他的作品就配不上他的尊严。此外,反驳者首先也曾和培尔先生一样承认过,前定和谐说显出一种无限地更大的明智合理。而这难道还不足以断定一切别的假设都"贬低了上帝的地位"吗?⑧

他还说:使上帝产生一切在心灵和在形体上所发生的印象,并不是要求它作持续不断的奇迹,因为他这样做只是凭借某些一般的通常的法则,而奇迹乃是这些法则的例外。对于这一点,我从前已经答复过,这样推论是对于什么是"奇迹"没有正确的观念。因为按照这个观念,自然法则将都是武断的了,而上帝所要建立的法则就将是事物的自然本性,而其例外则为奇迹。因此,自然的和奇迹的就并不是本身有区别的,而只是由于从前件与后件所取的"外加名称"(denomination extrinseca)而有区别的了。因为对于相似者来说在先在后就是自然的,而并非如此的东西就是奇迹的。但须知一切种类的规则或法律都不适合于成为自然的法则,而在"自然的"与"奇迹的"之间,有一种本质上的区别,以致上帝如果连续不断地依照某种方式行事,他就是永久创造着奇迹。例如,假使上帝规定了一颗行星应当永远自己在一条椭圆曲线上运行,又不再加任何别的东西,可解释这颗行星怎么被造成或保持着这种椭圆形的运动;我说这样上帝就是创造着永久的奇迹,而我们决不能说这颗行星是由于自己的本性或遵循着自然的法则而运行,因为这种情形是不可能解释的,而且也无法给这样一种现象找出理由,而

这种理由是需要的，因为这种运动是复合的运动，因此其理由应当来自更单纯的运动。如果上帝要这颗行星永远有这样一种椭圆形的运动，而没有提供任何别的形体方面的原因，那么就得上帝永远自己动手，或者责成某种“精灵”来负责此事；除非（我说）有别的一些形体在周围协同运动，而我们在别的形体的更单纯的运动中找出造成这种复合运动的原因；但这样一来，这件事的本性就在于这些更单纯的原因了，例如就在于行星的直线运动，和使这颗行星趋向太阳的周围形体的运动的印象相组合。因此，如果上帝要一个形体自己朝一条直线运动，这就是自然的法则，而如果他要形体自己在一条圆形或椭圆形的线上运动，这就是一种连续不断的奇迹。同样，如果上帝得永远在灵魂旁边做形体的代言人，又在形体旁边来执行灵魂的意志，这就真正是一种永久连续的奇迹，因为这样你没有用某种更单纯的东西来解释这究竟是怎样执行的，而且你也没有像我在我的假设中那样，从事物自己的本性取得某种理由来解释实体之间的这种协调。

最后，《自我认识》一书的作者在结束这个题材时说：上帝（照我看来）恐怕是剥夺了自己的能力以给予创造物，而且自己剥夺了一种本质的、不能传递给别的东西的圆满性，因此，[我的系统]是依靠一些矛盾怪诞的观念的。但他如果假定了行为的能力只属于上帝，那这只是把有待证明的论点作为论据的一种错误的论证（pétition de principe）。他说：的确，上帝时时刻刻在创造物中造成实际所发生的一切，而且只有上帝才能在创造物中有所作为，并作为真正的原因而产生创造物的变化。我在某种意义上同意他所说的第一点，即上帝连续不断地在创造物中产生一切实际的东西。

但我认为当他这样做时,他同时也在我们之中连续不断地产生或保持这种能或活动力。在我看来,这种能或活动力就是造成实体的本性,以及其情状变化的源泉。因此,我不同意说只有上帝才能在实体中有所作为,或者说才是实体的变化的唯一原因,我以为这样将会使创造物完全成为徒然无用的。

这位作者记得:曾看见过一位朋友以这种方式写的作品,其中这些真理(他说)都清楚地得到证明,而且是用几何学家的方法进行推证的,他想最近重读一遍,以使自己逐渐更坚定,不为我的系统的那种虚妄的炫耀所惑。我总认为,使笛卡儿派的偶因说得以产生并可为之辩护的唯一理由或显得像得到证明的外表是"影响"说的不可能性,这就使有些作者投奔那种能最容易为他们的心灵所接受的系统了,因为前定和谐说比较深奥,而且只能是更成熟的哲学所产生的结果,这是一种时代的恩惠,也就是说,毋宁是靠上帝而不由人的。然而我倒很好奇,想看看这个作品,而且我也已经充分地证明了我的谦和,如果他的这些论证是正确的,我就会舍我之见而从之。我承认,我常常在读到站在偶因论方面说话的作品时,我从来看不出有什么东西(驳斥影响说的除外)像是一个推证。人们也曾在其中看到了对于我们的依赖性和上帝的能力的拔高。这倒是值得称赞的,如果这样并不损害到上帝的智慧,而且不至于消灭了我们的实体。因为我的全部理由,而且我敢说,还由于全部推证使我相信,把实体的能力及行为剥夺了以后,它就什么也不剩了。笛卡儿派以为广延好像是一种原始的属性,能够构成实体,这种不正确的观念使他们陷入极大的错误,使他们以为,我们可以设想一种实体没有行为,殊不

知对广延的概念是派生的，差不多像数和时间的概念一样，不能构成实体，因为扩张或广延是相对的，它得假定有某种本性是广延或重复的，正如数得假定有某种东西是我们可以计数的（rem numeratam）一样。我们将会发现，这种在广延中连续地重复，并为广延所得假定的本性，得包含动力或力；否则我们就不能指定在其中有任何东西了。至于心灵，笛卡儿派认为是另一种实体，马勒伯朗士、斯都姆及其他人，如果我没有弄错，都认为它有内在的行动，而我则不承认被创造的实体还有别的。但一堆一堆的质量在我的系统中并不是实体。我有许许多多别的理由可以引述，而有许多理由意在使人认定，如果按照剥夺了创造物一切能力及行为的那种见解，上帝将是唯一的实体，而创造物就只是上帝的偶性或样态，以致凡是持此见解的人，就不得不陷入斯宾诺莎的见解。在我看来，斯宾诺莎是把笛卡儿派的偶因说的后果最彻底地推演出来的人。我并不想把斯宾诺莎的这种见解（我认为是很坏的而且很荒谬的）归罪于一切持笛卡儿派意见的有价值的人士。然而，总应该允许我指出这种意见的推论后果。如果我不表现出有办法来避免这种后果，我将没有权利来这样做，这种办法还有在我的假设中可以希望得到的其他一切好处，而这个假设甚至也应该被看作不只是一个假设。

注　释

①此篇载于G本第4卷第572—590页。原未发表，格哈特从手稿中整理出来收入著作集中。其中的主要意见，莱布尼茨曾作为节录发表，这即是

说明(八)(见下篇)。本篇的原标题为本译文的副题。

② 该书作者即 Beneditioer Dom François Lami,其生籍无考。该书 1699 年出版于巴黎,对莱布尼茨的前定和谐说曾提出若干驳难。说明(五)中培尔曾向莱布尼茨提及过此书。(该书原本作 1649 年版,疑是错误,已改正。)

③ 原文为 actuées,此词现罕用。它应当是从动词 actuer 变来的过去分词作形容词用。actuer 现也罕用,原为从亚里士多德哲学中来的专门术语,指的是"形式"和"质料"结合而成一个实际事物。译成"现实的"未必妥当,但知其原意,不要把它与 actuel 或 réel 相混淆就行了。

④ 参见"新系统"注64。

⑤ 据 G 本原注:莱布尼茨在手稿中曾注明:1702 年 11 月 30 日于柏林。

⑥ 参见说明(六)注⑪。

⑦ 见"新系统"第 1 节及注⑦。

⑧ 引号内词句原文为 au dessous de Dieu,直译应当是"在上帝之下",但似乎意义不明,姑译如上。

新系统说明(八)[1]

——答《自我认识》一书中对“前定和谐”系统的驳难

提出这些驳难的这位有价值、能深思的著名作者承认(第225页以下),他在用来解释灵魂与形体间关系的“前定和谐”系统中发现了某种只是表面看来非常正确的东西;他说“影响说”是站不住脚的,而“偶因说”起初好像和上帝的尊严不配,使他在纯属自然的事情上连续不断地造着奇迹;反之,“前定和谐说”则揭示了这位至高无上的造物者的无比的匠心。但他在第230页上却又说,稍加反省之后,他看出了困难,甚至看出了不可能性,这些是值得加以考察的。现在就让我们随着他来看看这一番考察,并看看他如何来实施他所说的这个计划,即要使自己坚定起来,以抵御他所说的这个系统的虚妄的炫耀。

第一点困难在于这个问题:这彼此协调的两种实体是否一种为着另一种而造成的。我回答说是的,因为如果它们彼此协调,那就是上帝先造成它们这样协调的。但他由此推论说,那么这个系统和偶因系统也就没有什么区别。我要说,总算还好;但是我看不出这样的推论结果。在偶因系统中,这两种实体协调是因为上帝总在产生这种协调,而不是它们在前的状态使它们自然地达到这种协调,反之,在新系统中却是如此;这两个系统的区别在这方面正如反驳者想把这种自然的协调当作不可能的一样,是同样明显的。请参见以下第五点困难。无论如何,如果有人想把偶因系统以一种转变成我的系统的方式来理解,我决不会感到不快。

第二点困难(第233页)在于另一个问题,即灵魂产生其感觉是否自由?我以为一个问题并不是一种反驳,然而我也可以答复,而这种答复是很容易的,或毋宁说当我提出这个系统时,对于这一类困难其实首先就已经答复过了。灵魂在自愿行为中是自由的,在这种行为中,灵魂有清楚的思想,而且表现出理性;但那种混乱的知觉,受形体的支配,是从在前的混乱知觉所产生的,灵魂未必对它们有所愿望或有所先见。因此,虽然痛苦对于灵魂来说并非它所愿望的,但并非因此就是毫无原因、毫无理由的,混乱思想的系列表象着形体的运动,因为它们很多而且很小,所以人不能清楚地察觉到它们。

第三点困难(第234页)是这位反驳者看不出在这个系统中有真正的自由。但这只是一种成见,我们看不出它有什么根据。如果我(像他所引证的)说过并不靠灵魂来给自己使自己愉快的感觉,这难道没有道理吗?我们的自由难道能达到像某种系统所说的那种程度吗?像那样它不是和上帝的“至高无上主权”一样了吗?引这样的理由,并不是反对我的系统,倒是反对在这里所取的过分意义的“自由”。另外一个证据是说,我说过每一实体的现在状态是它以前状态的自然后果。而(他说)一种自然的后果是一种必然的后果。我的回答是,我不同意这一点,而且我很惊讶他竟提出这样的论点，以便能把错误归于我。所谓自然的，就是适合于事物的自然本性的，而所谓必然的，则是本质的，不会改变的。叶子“自然地”会长在树上而不掉下来。坏人“自然地”会犯罪，但并不是“必然地”要犯罪。道德的习惯也自然地会产生好的行为；这种行为就会比较不自由吗？第三个证据是我说过每一在前的知觉影响后产生的知觉，符合着一种秩序的法则，这种法则在知觉中也如在运动中一样。答复这很容易。秩序的法则就排斥自由吗？上帝不是也永远遵循着这样的法则行事吗？混乱的知觉是和它们所表象的运动的法则一样被规定了的。形体的运动是用动力因来解释的，但灵魂中的清楚知觉，其中是有自由的，还显示出有目的因存在。然而在这一种系列中和在另一种系列中一样也有秩序。我有点惊讶，我所遇到的反驳几乎尽是连表面上看来都不成其为反驳的问题。

第四点困难（第235页）回头又说，这个新系统即使是可能的，也不是上帝所选择的，因为和上帝的尊严不配。一个人由于喝了过量的酒，在他的“精气”[②]中就发生了混乱。真的像（反驳者说）这种狂乱，就只是这个灵魂结构的自然后果，而且它这样狂乱也只是因为遵循上帝给它的法则吗？这是怎样地尊崇上帝的智慧啊！只要稍想一想，这种惊叹就落了空。当形体中发生混乱时，我们的混乱知觉自然地也表象着这种混乱。此外，这种形体和灵魂的本性已经败坏了，而遵循这种本性，灵魂并不永远符合着上帝的法则，这种败坏是意志和自由的后果。拿这一点来责难新系统，这等于是把事物本性中所显示出的一切不适当的东西，而且用不论怎样的系统都难避免的东西，都加在新系统身上，要它负责。我们在通常系统中同样也可以问，为什么上帝创造形体与灵魂，要它们由于彼此的影响而发生这种混乱呢？根据这个系统，这种影响在它们那里是合乎自然本性的。而在偶因系统中就更坏了，因为在偶因系统中，他们竟敢说这种混乱是上帝所给的连续印象的直接后果，实际上这永远就是追问恶的原因。反驳者否认在上帝的作品中猝发这种狂乱是尊崇上帝的智慧，他是要为摩尼教辩护吗？岂不应该毋宁同意圣奥古斯丁的主张，说表面上的这种混乱，是为一种更大的秩序所矫正的？

我说第五点困难，是作者稍后又回过来否认新系统的可能性，否认上帝能够造成一种自动机，能够没有理性而做一切人类凭理性所做的事。培尔先生也同样这样否认过，但是我很惊讶他们为什么要主张给上帝的智能以一种限制，而并没有任何证明。不但如此，我们有无数的例子，可以看出上帝的这样的作品还有更甚于此的。像那种形成胎儿的东西，就是一种自动机，其匠心之高超巧妙，远非人类凭理性所能及的，最美的诗歌和心灵的其他作品都不能与之近似。诚然这是由于神的“预先构成”(preformation)而成的，但所谓前定和谐也就正是如此。

第六点困难（回过来又和第四点困难差不多）是说和谐法则似乎毫不明智合理。存在的东西都趋向于保存自身，然而有一些形体，例如飞蛾，却投火自焚；也有些灵魂自己沉溺于愁苦。一种法则会迫使一个灵魂在被针刺了一下时就离开一个好的思想，这种法则（他说）简直是开玩笑。但毋宁说这种反驳才真是开玩笑，他不知道这种反驳是可以针对所有系统的，尤其是他自己所持的系统。培尔先生就比较好，避免向我提出这种性质的驳难，而他起初也表示想提的。你是想责难上帝为什么把事物造成这样，就像飞蛾为了要取暖就自己烧死，以及使我们的灵魂也部分地服从形体的运动吗？不论这是由于日常的彼此影响，还是由于事先建立的和谐，这总永远是符合事物的本性的。为什么你要新系统中灵魂的本性给灵魂的圆满性，比偶因系统中上帝自己直接给的还要多呢？而且说上帝以直接的行为使灵魂连续地服从一个混乱的形体，不是比说灵魂由于它败坏了的本性而如此服从更难令人接受吗？如果由于本性的法则，形体有时为求自保而自行毁灭，新系统难道对此应该比别的系统更多负责吗？我们永远可以说，上帝的智慧，没有比在"和谐系统"中表现得更好的，在这个系统中，一切都由于取诸事物本性的理由而联结在一起；也没有比在偶因系统中表现得更坏的，因为在这个系统中，一切都受一种武断的能力所强制。

第七点困难标明了最使这位高明的反驳者反感的，这就是我给了创造物一种能行动的本性，一种和上帝的能力不同的力或能。但我主张这一点，不是也不过和几乎所有哲学家、所有的神父、所有的神学家在任何时候所做的一样吗？说实话，我丝毫不能理解相反的见解。如果我们行动，我们就有行动的能力；如果我们不行动，我们也就再不犯什么过错。如果这种相反的见解过分一点，就会不知不觉地把我们引到一种危险的学说。凡是主张上帝是唯一行动者的人，可能很容易地就会进一步跟近代的一位很失名声的作者③一样说，上帝是唯一的实体，而创造物只是一些倏忽无常的样式。到此为止，没有比行动的能力更好地显示出实体的标志的了。

我说第八点困难是作者关于奇迹的说法。他想免除别人把永久的奇迹归罪于他的系统，但他对于奇迹究竟是什么并没有很好地解释，培尔先生也同样没有解释。在他们看来，所谓奇迹，只是上帝武断地建立起来的一般规律或法则的例外。因此，上帝建立了一种一般的法则或规律，要使形体永远和灵魂相一致，或者反过来，灵魂和形体相一致，这样其中就没有奇迹；而在这种意义上，奇迹和上帝其他行为的区别就只是由于一种外在的名称，即由于其稀罕。但我不同意这样的一种规律是自然的法则，而且自然的一般法则也不是纯粹武断的。并不是一种绝对的必然性使上帝建立了这些法则；而是由于某种合乎他的最高智慧的理由，并由于某种对事物本性的适宜，使他如此的。因此，奇迹之所以是这些法则的例外，只是因为它是不能用事物的自然本性来解释的。如果上帝决定要使某种和这些自然本性不相符的事物连续地存在，他就不会是造成一种自然的法则，而是决定要创造永久的奇迹，而且永远自己动手，来产生那种超乎自然的力量之外的东西。而这种情形在偶因系统中就会发生，如果灵魂与形体永远一致，而不是它们的自然本性及人所能设想的东西使它们一致，就是说，如果形体这个自动机不使形体做那个灵魂所希望做的事；以及如果灵魂的混乱知觉的自然系列不使灵魂自行表象出在形体中所发生的情形。但是，让我们看一个更容易的例子就可以说明，一种自然的法则与一种需要连续的奇迹来实施的一般规律之间的区别。如果上帝定了一条法则，使一切自由或不受阻碍的形体都得趋向于环绕某一中心而循圆形运动，而这（因此）就不能设想由于何种方法并且如何可能如此，我说这种法则是只能由永久

的奇迹来实施的，因为它不符合形体运动的本性，这种本性使一个在弧线上运动的形体，如果是自由的或不受任何阻碍，就应当沿正切线方向继续运动。因此，假定形体的本性是像现在那样，则这样一种圆周运动的法则并不是自然的。因此，只是上帝造成某种法则，如果不给创造物一种能够执行他的命令的本性，是不足以避免奇迹的。这就好像有人所说的，上帝命令月亮自由地在空气或以太中环绕地球而旋转，并没有天使或精灵来管理它，没有固体的星球来携带它，没有流体的星球或旋风来牵引它，也没有重量、磁力或可以机械地加以解释的其他原因，使它不离开地球而向这个圆的正切线方向飞去。否认这是一种奇迹，这就又会去求助于绝对不可解释的隐秘性质，这种隐秘性质今天已很有道理地为人们所指责了。

注　释

① 本篇见 G 本第 4 卷第 590—595 页，原题为本译文的副题；E 本第 458—460 页，原题为“答《自我认识》一书作者对前定和谐系统所提出的驳难”。本篇可看作说明(七)的节录，最初发表于 1709 年 6 月号《学者杂志》补编中，原题为“答拉弥对前定和谐系统的驳难”。

② 见“新系统”注㊾。

③ 指斯宾诺莎。

附录：论自然本性[①]

——论自然本性或论力本身和创造物的行为

1. 最近，我从对数学和物理学极有贡献的有名的斯都姆[②]那里收到一篇他在阿尔多夫(Altorf)发表的为自己辩护的文章，辩护他的“论自然偶像”(De Idole natura)那篇论文，以反对尊贵的舍尔汉麦(Gunt.-Christ Schelhammer)在他的一本讨论自然本性的书中的攻击。我对这个问题也曾常常进行思考；而且在文字上和这篇论文的有名作者有过一点交往(最近，使我很感荣幸的是，他在他的《精选物理学》第一卷中曾公开地重提到我们之间的若干关系)，我也就同样愿意把我的心思和注意力用在这样一个本身就很美的问题上，认为也有必要根据我已经屡次指出的原则，但更精确些地把我对这整个问题的见解说出来。我似乎觉得这篇为自己辩护的论文给了我一个很好的机会，因为很容易判断，这位作者为了对全局作一鸟瞰，应当已把这个问题中最关紧要的都在这篇论文中集合起来了。此外，我并不自以为要加入这两位著名人物之间的争论。

2. 有两点特别要讨论：第一，我们惯于归诸事物的、而可敬的斯都姆认为通常所接受的这种归属有点偶像崇拜气息的这种“自然本性”究竟包含什么；其次，在创造物中是否有某种“能”(ἀυέ-

ργεια),这在它们中似乎是不能有的。关于第一点,即自然本性的本质,我承认并没有一个宇宙灵魂,我也同意,我们每时每刻所看到的,并且使我们很有理由地说自然的作品是一种心智的作品的这一切奇事,不应该归之于赋有和这样高的功能成比例的能力和智慧的某一些心智或精灵;但是,我想自然全部是一种“神的技艺”(artificium Dei)的产物,而每一自然的机器(这是自然与人工技术的真正不同之处,却很少为人们所注意)都由真正无限多的器官所构成,因此造成并管理这架机器的,必须本身也有无限的智慧与能力。这就是为什么不论希波克拉底认为有全知的“热”,还是阿维森纳[3]所说的灵魂的“修尔哥德”(cholcodeam animarum),还是斯伽利热[4]及其他人所说的完全合理的“可塑的德性”(virtutem plasticam),还是亨利·莫尔[5]所说的“统治初级物质的原则”(pricipium hylarchicum),在我看来都不是不可能的,就是无用的原因。对于我来说,只要万物的机械是凭足够的智慧构成的,足以使这一切奇事都有来源就够了,有机的东西在我看来主要是依照一个前定的计划而自行发展的。因此,我赞成有名的斯都姆排斥空想出来的、以为形成并管理形体机械的那种上帝创造的、却又贤明合理的自然本性。但是,并不能因此,我相信也不能由理性的原则,推论出我们应该不承认事物中有一种被创造的并安放在它们之中的活动能力。

3. 刚才是说这种自然本性不是什么,现在让我们更切近地来看看它究竟是什么。这种自然本性,亚里士多德相当恰当地叫做动静的本原,虽然由于太广泛地接受了这个名词,似乎在这个词的意义下所了解的不仅仅是空间方面的运动或静止,而是一般的变化或常住(δτάσιs)。因此,附带说一下,他对运动的界说虽然晦暗过当,但也不像那些认为他只是想界说空间运动的人所想象的那样荒谬。让我们回到事实上来吧。罗伯特·波义尔[6]是杰出的观察家,并通晓自然本性的知识,他曾写过一本关于自然本性本身的小书,其中的思想,如果我没有记错,是这样的,即自然本性不是别的,而是形体的机械法则本身。粗略地说,我们可以赞成这种见解;但是更细心一点看,在机械法则中,我们还应该把原则和从原则引申出来的分别清楚。这样,如在对于钟表的解释中,只说它是以一种机械的方式运动是不够的,还应当分别出它是由于一个钟摆还是由于发条而运动。我已经指出了这一点,而且估计它可以用来防止对自然事物的机械解释的误用,这种误用的解释是不利于信仰的,教人以为物质能够自己存在,它的机械法则不需要任何心灵或精神实体。机械法则本身并非仅仅来自物质的原则和数学的理由,而是出于一种更高的、可以说是形而上学的根源。

4. 对于这一点,除了别的许多证明之外,我现在还可以给一个很有说服力的证明,这就是:我们不应该像通常所表现的那样从运动量的保持恒等(动量守恒)中去寻找自然法则的基础,而应该从动力的必然保持恒等(动力守恒)中去寻找,尤其是(我已经发现这是很有理由的)应该从等量的"运动所做的功"的保持中去寻找,这种"运动所做的功"的估量是和笛卡儿派所设想的对于运动量的估量很不相同的。我已经用半书信半公开的方式和两位高明的数学家讨论过这个问题,其中有一位已经完全同意了我的意见,而另一位在作了很长时间很仔细的考察之后也已经放弃了他的反驳,

并且质朴地承认还没有找到对我的证明的答复。我觉得很奇怪的是，看到博识的斯都姆在他解释运动法则的《精选物理学》的已发表的部分中，包含着大概可说是庸俗的意见，然而他承认这种意见不是基于任何证明，而是基于某种近似，如他在后一论著的第三章第二节中所又重申的那样。也许他的这部作品也是在我的论文发表之前写的，但他从来就没有想把已经写好的东西重新看一看，尤其是相信运动法则是武断的，而这在我看来是绝对矛盾的。其实我认为上帝乃是受一定的秩序和贤明的理由所引导，以颁布自然中万物所遵守的法则；而我对于一条光学上的法则的观察，以后为可敬的莫利纳先生（Molineux）在他的《折光学》中所大加赞赏的，就足够指明目的因不仅可用在伦理学及自然神学中的道德及信仰上，而且也可以用在物理学上，来发现隐藏的真理。这就是为什么博识的斯都姆在他讨论目的因的《精选物理学》中既然把我的见解也放在各种假设中，我就希望他在批评中充分地考察一下我的见解的原因；他无疑可以从这里获得机会来谈许多东西，以与这个题材的伟大和他笔下的宏富相配，并有裨于信仰。

5. 现在让我们考察一下他在为自己辩护的论文中关于自然本性的概念所说的话，并考察一下他的解释中可能还显出什么缺点。他在好几处都同意，现在所产生的运动遵照一种上帝一下所定下的永恒法则，而这种法则他称之为上帝的愿望和上帝的律令；此外，并不需要一种新的上帝的愿望，新的律令，更不需要一种新的努力和费心的照管；他又为自己辩解，认为他的对手把这种错误归罪于他是不公平的，他并不是以为上帝的运作万物，就像木匠运用斧头，或磨坊工人引水入槽以转动磨石一样。但是真正说来，这种解释我认为是不够的。我其实是追问：这种愿望、律令或先前所制定的神圣法则，究竟只是加给事物的一种外加的名称，还是赋之以一种造就的持久“印象”——也就是舍尔汉麦称之为在判断和经验中都同等显耀的那种“内在法则”（大部分为此法则所寓于其中的创造物可能并不知道它），行为和感受都由此而来。前者为“偶因论”者看作宗旨要义，尤其为深思的马勒伯朗士所坚持，后者迄今才为人所接受，而我以为最为正确。

6. 其实，这种过去的律令因为当下不复存在现在也就不再有效力，除非它遗留下某种效果，现在还继续存在并发生作用。用另一种方式来判断，如果我还有点见识的话，这是放弃了对事物的清楚解释；如果当下不在并且隔得很远的东西，可以不用媒介，而在此时此地有所作用，有所行动，那么任何事物都可以从任何事物而来了。因此，如果想象上帝的愿望如此地没有效力，以致事物不受它的影响，而且在事物中也不产生任何持久的效果，那么只说上帝在创造万物时一开始就希望它们在进展中遵守某种法则是不够的。而说上帝愿望，说他愿望而又不产生也不改变任何东西；说他永远有所作为，又说他从不产生实效，也不留下任何作品或“成果”（ἀποτέλεσμα），这是和对神圣能力及神圣愿望的概念断然相反的。当然，如果上帝说了“地要生出活物来，各从其类”⑦这样的话之后，并没有在创造物中加进什么去；如果万物以后还是和有这律令以前一样；那么（因为原因和结果间总得有某种间接或直接的联系）结果就会：或者现在没有什么是符合上帝的律令而造成的，或者是他的律令只在现在有效，将来就应当不停地翻新；这种假定是我们这位高明的作者所很有理由地拒不承认的。相反，如

果上帝所制定的法则在事物中“印”上了某种迹象，如果由于上帝的命令，事物就被造成为能够完成命令者的愿望，那么就得承认事物之中具有某种效力、形式或力量，这就是我所了解的“自然本性”，就从这里开始跟随着一串事物的现象，它们都遵照最初所颁布的律令。

7. 这种内在的力可以被清楚地理解，但却不能让人去“想象”；而且也和对灵魂的本性一样不应该想要用想象力去表象它。“力”其实本来是属于理解力的范围而不是属于想象力的范围之内的东西。因此，这位高明的作者在他为自己辩护的论文中所要求的，即让人使他“想象”印在形体中的法则如何在不知道这种法则的形体中起作用，我把它当作是他要让人使他“理解”；因为否则简直是要让人使他用眼睛看见声音，用耳朵听见颜色了。此外，如果因有些事物难以理解，就认为足以推翻这些事物，这就会使人指责（他在第一章第二节作了反驳，认为这种指责是不当的）他宁肯断定事物只为神圣能力所推动，而不肯在“自然本性”的名义下承认某种其本性为他所不知道的东西。在这一点上，霍布斯也许很有道理，他和所有追随他的人都以为一切都是形体，因为他们深信只有形体能被清楚地想象和解释。但是，正好能驳倒他们的主张的，就是在事物的深处有一种力，不是从可想象的东西中所能引申得出来的；只说一个上帝和他先前所宣布的既不以任何方式影响事物也不留下任何效果的律令，就算推翻了这种“力”，这丝毫也不曾解决这个困难，而毋宁是放弃了哲学家的身份，用的是“快刀斩乱麻”的办法。此外，还可以从我的“动力学”中抽出一个比迄今所提出的一切说法更清楚更正确的解释，说明这种活动的

力,考量我们所给它的真正的估价,符合对自然法则及运动法则的经验。

8. 因此,如果有主张这种引入“惰性”和“麻木不仁”的新哲学的人,甚至要求上帝得有不断翻新的努力,因而把一切持久的效果及一切对抗将来的效力都升高到神圣的层次(这是斯都姆贤明地否认的),他就得自己负责使他的系统和神的尊严不相抵触。他不能就退出不管,如果他不用某种理由来为我们解释,事物本身既能持续一个时候,事物的属性,也就是我们在“自然本性”这一名义下所了解的东西,怎么就不能持续;以及上帝说“让它有什么”这样的话如果能留下某种效果,也就是事物本身就能持久存在,为什么这同样神奇的降福的言辞就不能也同样在事物中留下某种能够作为并产生行为的能力,而只要不受阻碍就能从之而产生出行为?对此,我们还可加上我在别处已经解释过,但尚未为所有人所透彻了解的,即事物的实体在于能行动和能停止的能力;由此推论,如果没有任何持久的能力能被神的效力印在事物之中,则任何持久的事物都不能产生。这样,结果是,任何被创造的实体,任何灵魂都不能在数上保持同一,终至任何东西都不为上帝所保持,并因而一切事物都归为一个独一无二的持久的神圣实体的飘忽不定的情状,而且可以说只成为一些影子,而归到同样一个结果,也就是自然本性本身或万物的实体就是上帝;这是一个很可厌恶的学说,新近为一位很精细然而渎神的作者所提出或翻新的。[8] 是的,如果形体性的东西除了物质外没有别的,那么它们就确实是变动不居、川流不息的,它们就没有任何实体性的东西,正如柏拉图派人从前所认识的那样。

9. 另一个问题是:严格地真正地说,我们是否能说创造物有所行动;如果我们一旦了解到自然本性完全在行动及停滞的能力,这个问题就可以融合在第一个问题之中而一起加以解决。因为有行为而没有行动的能力是不可能的;而另一方面,一种能力如果不能见诸实施就是空的。然而,因为行为和行动的能力是两种不同的东西,行为是前后相继的,行动能力是持久不变的。我们就先说说行为。我承认在这里我很难认清斯都姆的思想。他否认被创造的东西自己真正能有所行动;然而,当他全力反对把创造与木匠所运用的斧头相比时,又承认被创造的东西有所行动。在这些矛盾中我丝毫抽不出什么明明白白的东西来,我也不能很清楚地看出到哪里为止他放弃了所接受的观念,或在他心里对于行为有何种清楚的概念。对于行为的观念,当然不是简单的,也不是很容易把握的,正如形而上学家之间的那些争端充分地证明了这一点一样。至于我,我对于行为的观念,如果我的想法不错,似乎是基于而且肯定了为一切哲学所接受的这一条原则,即"凡是行为都属于一个主体";我估计这是最正确的,甚至可以相互地反过来说;因为不仅一切有所行动的是一个个体性实体,同时一切个体性实体也都不间断地行动;我甚至也不把形体看作例外,形体也从来都不会处于一种绝对静止状态中。

10. 现在让我们更细心一点地考察一下那些不承认被创造的东西有一种真正自身行为的人的见解;这在从前是《摩西哲学》的作者罗伯特·弗卢德(Robert Fludd)的学说;而现在则为一些笛卡儿派的人的学说;他们认为不是事物本身行动,而是上帝代它们并依照它们的情况而行动;这样事物就成了"偶因"而不是"原因",

它们就不能做什么,也不能从它们之中抽出什么来,而只是接受。柯德谟(Cordemoi)、拉福日(de la Forge)及别的一些笛卡儿派人就曾经发表过这样的意见;马勒伯朗士以他卓越的才华也曾在这方面大挥其生花妙笔;但是说到坚实的理由,据我所了解,他们是谁也没有提出过。当然,如果把这种学说推倒甚至把实体的内含行为都去掉(这是斯都姆在他的《精选物理学》第一卷中所反对的,这证明了他的谨慎),那么简直没有比这更悖理的了。会有人不信灵魂能思想和愿望,以及我们能从我们本身中抽出愿望和思想,这一切都是"自发的"吗?首先,这是否定了人的自由,并把我们的罪恶归罪于上帝;尤其是否认了我们的亲身经验以及这种"良心的证明",它证明我们的对手毫无理由地贸然转归于上帝的这些行为,都是我们自己的。反之,你只要给了我们的灵魂那种产生内在行为,也就是"内在地"(immanément)行动的内在能力,从此就没有什么能阻止,甚至可以说很合理地,在别的灵魂或"形体"或者实体的自然本性之中,也有和在我们之中的能力一样的能力。也许只要你不想着在环绕着我们的这个自然之中只有我们的灵魂是能行动的,也不以为一切内在地行动的能力,也可以说"有生命地"(vitalement)行动的能力,必然地伴随着思想;这种主张是无法坚持的,而且只有不顾真理,你才能为它辩护。对于创造物之间彼此向外传递作用应该有怎样的想法,我们将在别的地方加以详细的说明,而在别处我们也已经有过部分的解释;实体的联系,我们说,其根源不在于彼此的影响,而在于上帝预先所造成的一种协调;每个东西虽然服从自己的能力及它的自然本性的法则,但和一切别的东西合拍,特别是灵魂和形体的联系,也就在于此。

11. 诚然，如果我们愿意加以正确的理解，形体本身是“惰性的”。这就是说，一个形体一经假定为在静止中，就不能自己开始运动，而且别的东西使它运动时，也不会只接受而不抵抗；而一旦加以某种方向或速度，它也就更不能自动地予以改变，或者说它不能没有抵抗地容易接受别的东西改变它的某种东西。因此，就得承认广延，或几何学上的形体中的东西，绝对地看，其中没有什么可从之而产生行为或运动的东西，毋宁说是物质由于开普勒所称的自然的“惰性”的东西抵抗着运动；以致它不是像通常所相信的对运动和静止守中立的态度，而是它本身有多大，就要求有多大的力量来推动它。对于原始物质或质量的概念，我认为它就在于这种被动的抵抗力，这种抵抗力包含着不可入性及别的某种东西，而且到处都一样，并与大小成正比；我指出，即使在形体及在物质中没有任何别的，而只有这种不可入性和广延，从这个概念也可引申出一切别的运动法则；以及正如在物质中有一种自然的惰性对抗着运动一样，在形体及一切实体中同样也有一种自然的常住性对抗着变化。但这种学说对于那些否认事物有行为的人并不有利，毋宁说是与之相悖的。因为，愈断定物质本身不能开始运动，也就愈可以肯定(这而且是对于那种为一个运动中的运动者所造成的极好经验所证明的)形体一经获得一种激动，它就保持这种激动，而且经常停留在它这种轻快状态之中，或者说它一旦进入某种变化，就努力保持住这种继续变化的途径。这些活动力及隐德莱希不会是本质上被动的原始物质或质料的情状，正如我们在下一段即可表明的，明断的斯都姆也十分清楚这一点；因此我们单凭这一点就可以断定，在有形实体中应该有一种最初的隐德莱希作为原始的活动能力(πρῶτον δεκτικὸν activitatis);也就是一种原始的动力,与广延或纯粹几何学上的东西及质料或纯粹物质的东西相联结,就不停地行动,除非由于形体的共同作用它的努力和激动受到各种限制。而这种实体的本原,在生物那里就谓之灵魂,在别的东西那里就谓之实体的形式。这种本原与物质相连就构成一个真正是“一”的实体,但凭它本身就已经构成了一个单元;也就是这种本原,我名之为单子。除去了这种真正的实在的单元,剩下的就不过是一些凑集的东西,甚至在形体中就也没有什么真正的东西了。实际上,实体的原子,即我们所说的没有部分的单子是存在的,但质量的原子,或最小广延的质量,作为质量的最后成分的东西是不存在的,因为连续体不能是点的集合。同样,也并没有一个存在,其质量是尽可能地最大,或在广延上是无限的,虽然人总设想着大到无限的空间,却只有一个存在在圆满程度上是最大的,或在能力上是无限的。

12. 然而我看出了,卓越的斯都姆在这篇为自己辩护的论文的第四章第七节以下试图想用若干论证来攻击形体分享动力的说法。他说,我将充分地证明,有形实体甚至不能有任何行为和运动的能力;他还宣称将用双重的论证,其一取之于物质与形体的本性,其二取之于运动的本性。第一个论证是这样的:物质从其本性看,本质上是一种被动的实体;因此,它赋有能动的力是和以下情形同样地不可能,即当一块石头仍然是一块石头时,上帝要它同时是活的和有理性的,也就是说又不是石头;因此,置于形体之中的就无非是一种物质的情状;而——我承认这是说得很对的——一个本质上是被动的东西的情状并不能使它成为能动的。一般所接受的哲学和真正的哲学都对此可提供一个很容易的答复：物质有初级的和次级的；次级的物质是一个完全的实体，而且并不是纯粹被动的；初级的物质是纯粹被动的，而且不是一个完全的实体，在它之中必须加入一个灵魂，或与灵魂类似的形式，一种原始的隐德莱希，也就是一种努力，一种原始的活动能力，这正好就是神的律令所植于其中的内在法则。我相信，这种见解对于这样一位精明而有名声，而且最近还主张过形体是由物质和精神两者构成的人来说，是不会看不清楚的；只要他把精神不要看作某种属于心智方面的东西，如在别处惯常所说的那样，而看作灵魂或类似灵魂的形式；也不要看作某种单纯的情状，而看作某种实体性的、作为构成要素的、常住的东西，这种东西我惯于称之为单子，其中有一种知觉和一种欲望。因此我们这位卓越的对手的论证要有一些力量，首先就得排斥这个为一般所接受的、并与经过有利的解释后的经院派的原则相符的学说；而这样我们也还是不能同意他的这个原则，即有形实体中的一切，是物质的情状。其实，一般所接受的哲学是承认在生物的形体中有灵魂，这种灵魂并不就是物质的情状。因为，虽然这位博识之士似乎认定了相反的一方面，而不承认禽兽有任何一种真正的感觉及所说的真正灵魂；在取这种意见作为他的基础之前，首先应该对这种意见本身加以证明。对于我来说，这相反是和事物的秩序、美、理性都不符合的，如果说这种生命及内在行为的原则只在一小部分物质之中，而实际上一种更大的圆满性却要求在一切之中，都有这种原则；同时也没有什么理由不许灵魂或某种类似灵魂的东西普遍存在；只要认清起主宰作用的、因而属于心智性质的，如人类的灵魂，不能是无处不在的。

13. 第二个论证，它是取之于运动的本性的，在我看来也并不使其结论更有必然性。这位作者说，运动不是别的，无非是动的东西在不同地点的相继存在。虽然这种说法并不能令人满意，并且仅仅说明了运动的结果而并未说明人所谓运动的“形式的理由”(raison formelle),我们就姑且予以同意,但这样也并不能就把动力排除掉。因为形体不仅是在其运动的现阶段占有和它的广延相等的一个地点的东西,而且它还作一种努力,有一种要改变它的地点的趋势,以使它以后的状态由于本性的力量而得随从它现在的状态延伸出来;否则,在当下这一顷刻或在任何别的顷刻,受乙形体推动的甲形体,和处于静止中的一个形体没有丝毫分别了;而我们这位高明的作者如果在这一点上和我们相反,那么照他所肯定的见解,其结果将是形体之间没有任何分别,因为在齐一的质量的充满中,唯一可能从之取得分别的观点,就是对于运动的考虑。这样,最后就会得出在形体中什么都不变,而一切都永远在同一状态之中这样一个更一般的结论。其实,如果一部分物质和另一部分相等并相似的物质没有分别(这是博识的斯都姆所应该承认的,因为他已取消了能动的力和趋势,以及一切别的性质和情状,而只让留下在某某地点的存在,这种存在一时是这个东西、又相继地变成别的某个东西的存在);还有,如果在这一顷刻的状态和在另一顷刻的状态之间的分别,只在于相等、相似和一切相合的两部分物质的转移;那么很明显,从这种不可辨别的要素彼此的恒相替代,是找不到任何方法来区别这个形体世界中各不同时刻的状态的。用将来时,或用一种说法,说一部分物质以后将在某一个和它现在

所在的不同的地点,来对一部分物质与另一部分作区别,其实只是纯粹用的是外表的名称;现在就整个没有任何区别,还有从将来也没有根据得到区别,因为即使是将来,也绝不会实现现在的某种真正的区别,既然承认了认为物质中有完全的齐一性这个假设,那么就既不能以任何可指称的标记把一个地点与别的地点相区别,也不能把物质与在同一地点的别的物质相区别。把区别从运动转到形状方面来,说运动虽无区别但形状可以有区别也是徒劳的,因为在一种完全同质、无区别、充满的质量中,其各部分的形状或界限以及区别都只能是由运动所获得的结果。因此,如果运动不包含任何区别的标记,它就也不能供给物质形状以任何区别的标记;像这样,凡是代替其在前者的既然都与在前者完全相等,任何观察者,不论他怎样全知,也无法把握最小的一点变化的征兆;一切就都会好像是形体中决不产生任何变化,也不会变化任何花样似的,而我们也就永远无法给我们所知所见的各种繁复的现象说明理由了。为了对此有一个具体影像起见,让我们设想两个各部分完全相似的同心正圆球形,一个包容在另一个之内,不让它有一点空隙;于是,不论在内的圆球形是运动着还是静止着,即使是一个天使,更不必说别的了,也无法察知在两个不同顷刻的状态之间有任何不同,也不能有任何记号来辨别这个球形是不动的还是在动的,以及如果是在动的,是遵照什么法则而动。甚至两个球形的界线因为既没有“牴牾”(hiatus),又没有不同,也就看不出来了,同样,对于运动来说,仅仅因为没有不同,在这里也就不能辨别了。因此,就应该确认,虽然人们因为不够深入而来加注意,但这些假定是与自然本性和秩序相违背的,而且应该确认,在任何地方,任何东西都不会有完全的相似，这是我所引入的最重要公理之一。由此还可以推论到，在自然中既没有极端坚硬的微粒，也没有极端微细的流体或普遍地扩散的精微物质，最后也没有有些人在“初级元素”或“次级元素”的名称之下所承认的这些最后元素。亚里士多德在我看来比人们所想的更有深见，他对这方面就已经看到了一点，而且断定在地点上的改变之外，还应该承认有性质上的更易(altération)，而且物质是不能到处都跟自己一样以致不能保持不变的。这种性质上的殊异，这种“更易”(ὰλλοίσωσίs)，亚里士多德没有加以充分解释，我们可以从力的不同程度和不同方向，以及构成一个东西的诸单子的情状中引申出来。这样以后，我想我们就可以了解，在形体之中除了转移地位却无论如何并无本身变化的齐一质量之外，还必须加上某种别的东西。当然，那些主张有虚空和原子的人是不让人引进某种分殊到物质中来的，因为他们只使物质成为这里是可分的，那里是不可分的，在一个地方是充满的，在另一个地方是有孔的。但是很久以前，当我放弃了年轻时的偏见时，我就已经指出，这种原子与虚空说必须排斥。我们的这位博学的作者又说，物质在不同时刻的存在应该归因于上帝的愿望，那么为什么，他说，不把物质此时此地的当下实际的存在也归因于上帝的愿望呢？我的回答是，这毫无疑问也有赖于上帝，正如一切别的东西一样，只要这些东西包含有某种圆满性；但是这种一切东西的第一因，万物的保存者，不消灭而毋宁说只保持已开始存在的东西的自然持久性，或一旦赋予存在后的所有常住性；同样它也不会消灭而毋宁说确认被置于运动中的东西的自然效力，或一旦给予行动后的所有常住性。

14. 我在这篇为他自己辩护的论文中还发现有很多地方是有困难的。例如他说，当运动从一个球经许多媒介而传到另一个球时，最后一个球是为推动第一个球的“同一个”力所推动的；而在我看来，这是被一个“同等”的力而不是“同一”个力所推动的；因为（这会让人看来很惊奇），这个球是由于为其邻近的球所引起的自己的力，也就是它的回力，才进入运动的；而在这里，对于这一点我不再争论了，而且我也不否认我们不应该机械地用一种流经形体内部的运动来解释这种事实。同样我们还很有理由对这种主张——形体既没有发起它的运动，它也就不能自己继续这种运动——表示惊奇。如果要引起运动必须有一种力量的话，那么一旦给予一种推动力之后，绝不是要继续运动就得要有新的力量，而毋宁是要停止运动才需要有新的力量，这也毋宁是不易之理。因为谈论这种由事物所必需的普遍原因的介入而获得的保存，并不属于这个主题，而如我们所已经指明的，如果它除去了事物的效力，就把事物的常住性也消灭了。

15. 由此我们又重新见到，有些人所维护的这种“偶因论”，除非加以解释并加进斯都姆所已经承认或他似乎将会承认的修正，否则会导致很危险的结果，这些结果，当然是它那些高明的维护者所不愿有的。它要打破自然的偶像而抬高上帝的光荣，还差得很远；反之，被创造的事物既然纯粹消融成为唯一神圣实体的情状，这个学说就和斯宾诺莎一样把上帝和事物的本性合一了。因为凡是属于不动作的，凡是属于没有活动能力的，就没有了一切分别的标记，最后就没有了一切成为实体的理由及原则，这就在任何名义之下都不成为实体了。我深深地相信，像斯都姆这样一位以虔敬之心及高深知识而令人瞩目的人,决不会犯这种重大的错误。而且我毫不怀疑,他将清楚地表明他如何不让事物中有实体及变化而又不背弃他的学说,或是将向真理伸出他的双手。

16. 此外,我还有不止一个理由,猜想我没有能深入地理解他的思想,他也没有理解我的思想。他在某个地方向我表白,可以而且几乎应该假定,在事物之中有作为归它们本身所有的某种一小点神圣力量,这我想就是近乎这种能力的一种表现、模拟或效果,因为这一小点无疑是不能分成部分的。请看一下他在《精选物理学》中本文开头已指出过的一个地方对我的意见的转述与复述。如果应该照他所用的名词的指引而把他所说的用我们的话解释成"一口灵气"(divinae particulam aurae)[或一种神灵的感应。——译者],那么我们之间的一切争辩就都可以完结了。但是我不敢确定地就把这种思想归之于他,因为我看不到他在任何别的地方肯定过与此相同的意思,也看不到他在任何地方解释过可由此推出的意见;相反,我倒看到许多和这种意见不相合的零碎主张,而他为自己辩护的论文中的意思也完全和这相反。我在莱比锡的《学报》(Acta érudit)1694 年 3 月号中第一次发表了我对于"力"的意见,之后在该刊 1695 年 4 月号发表的一篇动力学的论文中又进行了阐明,他对我的意见曾用信件提出过若干驳难,而我知道,对我的答复他极善意地宣称我们之间只是表达方式不同;我对此非常注意,而且又提出了若干注释,对这些注释,他又转到了相反的一面,指出我们之间有一些相反之点,这些相反之点我也承认;而刚刚做完这个,最后他又回过来决定重新写一篇文字,说明我们之间的唯一区别只是所用名词上的不同,这对于我也是觉得很乐意的。

因此，我希望就他提出这最后的为自己辩护的论文的机会把这事情照这样叙述一下，使人们容易确定我们每个人的见解及我们的意见的真相。这位卓越作者的稀有见识，他的论述的非凡的精密性，使我希望能由于他的注意而使这个伟大的题材得到光辉灿烂的发挥；同时，而且正因为这个缘故，在我这方面，我也不放弃我的努力，如果我应该供给他一个机会，用他惯常的热心及人所共知的判断力来考察并阐明某几点，这几点在现在这个题目上是很有兴趣的，而迄今为一般作者和我所忽略；对于这种忽略，如果我没有弄错，是用了少许提取到更高、扩张到很远的新原则来补正的，从这些原则似乎有一天可能产生一个改造并修正了的系统，及一种介于形式哲学与物质哲学之间的中间哲学，在这种哲学中，形式哲学和物质哲学各自的真的东西都将予以保持，并把它们结合起来。

注　释

① 本篇载于 G 本第 4 卷第 504—516 页，E 本第 154 页以下。原文为拉丁文，本译文根据巴黎 E. Flammarion 版的《莱布尼茨：人类理智新论》一书后所附的该篇的法译文本译出。

② 见说明（五）注⑥。

③ Avicenna（980—1037），即阿拉伯哲学家伊本·西那，各科知识都很渊博，并懂医学。所说的 cholcodea 不知是何物。

④ Scáliger (Jules-césar)（1484—1558），意大利学者。

⑤ Herry More（1614—1687），英国剑桥柏拉图学派哲学家。

⑥ Robert Boyle(1626—1691),英国著名物理学家和化学家。

⑦ 语见《创世记》第1章第24节,译文据中国基督教协会印发的《新旧约全书》。

⑧ 指斯宾诺莎。